Alle Macht den Gedanken

Aphorismen
Gedanken
Splitter

2017

1. Auflage 2017

Andree Amelang
andreeamelang@web.de

Alle Rechte beim Autor.

Herstellung und Verlag:
BoD - Books on Demand, Norderstedt

ISBN 978-3-74318-925-6

*Alles Leben ist Philosophie,
der Rest Tod.*

~

Der Mensch will nicht betrogen werden,
doch schenkt er Märchen nur zu gern Glauben.

~

Was mehrmals in der letzten Zeit geschah,
nahm Zeiten vorher niemand wahr.

~

Das Programm der Regierung beendet die Krise
und gibt der Zukunft eine fragile Sicherheit – bis zur nächsten Wahl.

~

Besorgt wegen des hohen Müllaufkommens,
beschneidet sich das Volk dennoch nicht selbst die Konsummöglichkeiten.

~

In einer kleinkarierten Welt dreht sich keineswegs alles um Schach.

~

Du kannst mit mir die Welt erkunden,
erwarte aber nicht das Tête-à-Tête mit Reich und Schön.

~

Dort, wo all die Leute stehen, befindet sich das kalte Buffet.

~

Ein Mann, der kämpft, ist nur zu feige zum Erdulden.

~

In einer technokratisch geprägten Welt der Blinden und der Schwachen
regieren blinde und schwache Herrscher und entscheiden über Krieg,
Frieden und Galgen.

~

Was Punkte bringt, soll erst beweisen, dass es auch Geld abwirft.

~

So lange es Alkohol gibt,
bleibt einigen die Vielfalt der Welt verborgen.

~

Die Straße 1000 Meilen gen Westen nahmen viele schon,
scheinbar auf dem Weg zum Glück, und ließen die Gestrandeten im Graben
achtlos sterben, von diesem Schicksal wenig später aber selbst ereilt.

Wir vertrauen blauäugig auf die Festigkeit riesiger Felsen
und rechnen nicht mit einem Naturereignis, das sie spielend leicht
beiseite rückt oder zu zerbröseln vermag.

~

Uns eint das Geld, das wir nicht haben,
uns trennt die Welt, die wir verschieden sehen.

~

Selbst das Aquarium ist ein kleines Meer.

~

Im Bauch des Wals reist es sich unbequem,
vom Denken mal ganz abgesehen.

~

Rauchen im Wald erspart den Brandstifter.

~

Vom hohen Berg sehe ich hinunter auf mein Wanderziel,
die trennenden Kilometer ahnend.

~

In Zeiten verschmutzter Meere sollte Fisch
nicht mehr beworben werden, geschweige denn gegessen.

~

Wenn eine Zeit vorbei, dann eben nur ihr Inhalt.

~

Nahe Zukunft: das ist für mich der Zustand unserer Heimat
in Jahresfrist und wir alle mittendrin.

~

Es werden Produkte als millionenfach bewährt gepriesen,
keine Mitteilung erfährt, in welchem Zeitraum Vollfunktion gegeben ist.

~

Keiner hat Zeit, aber alle Langeweile.

~

Was mancher als geniale Lösung handelt,
erhebt sich kaum über die Unterkante allgemeinen Mittelmaßes.

~

Alle Dichter sind abergläubisch!
Sie rechnen ernsthaft damit, dass Scharen von Menschen ihre Werke lesen.

~

Bei den Frauen geht neben dem Denken
auch das Streben nach bekleideter Schönheit vom Kopf aus.

~

Es kann kein viermal Drumherumreden geben und erst dem Fünften
offenbare ich, für dieses Problem nicht der Fachmann zu sein.

~

An Adam und Eva möchte ich nicht glauben
und aus den Inzestlinien ihrer Kinder und Enkel keineswegs abstammen.

~

Die Augen allein lehren nicht das sehende Denken.

~

Wie mag dem Mann zumute sein,
der eine Arbeit beginnt und weiß, dass selbst die Enkel
diese nicht beenden?!

~

Der Informationsgehalt der bereits vorhandenen globalen Buchmenge
erspart den Menschen nicht die Weiterführung des Denkens.

~

Kämpfen ist Leben und Leben ist Kämpfen.
In meinen Vorstellungen und Idealen rangiert beides gleichauf.

~

Man glaubt, Amor zu sehen, und nimmt dabei im Halbdunkel
lediglich eine Gestalt wahr, die zu Pfeil und Bogen greift.

~

Der Nestor wird um Rat gefragt, und klappt es dennoch nicht,
so heißt's: „Der Alte hat's gesagt!"

~

Man spricht aus Erfahrung und las in Wirklichkeit zum Thema
irgendwann und -wo zwei indirekte Zeilen.

~

Man muss anderen Leuten vertrauen können, auch dem eigenen Henker.

~

Die Menschheit überschritt den Pik Oil,
aber wo bleibt der besorgte Aufschrei der Masse?!

~

Man will den Plan gleich umsetzen, doch das Alter verwehrt dem Körper
ein zu schnelles Aufstehen.

~

Im Rückblick gibt es viel auszuwerten,
doch verschwimmt das ewig Geplante mit dem tatsächlich und endlich Geleisteten.

~

Unterscheide zwischen würdigem Altern und geistigem Welken!

~

Mit steigenden Lebensjahren nähern sich Geschwätz und Mitteilsamkeit gewöhnlich einander an.

~

Als junger Mann schmiedet man Pläne und glaubt,
der Lauf der Jahre bringt gewiss die Umsetzung.

~

So bringe nichts ins Allgemeine, weil keiner denken will,
ein Beispiel muss es sein.

~

Ein junger Mann schmiedet Pläne und rechnet sich fest zum Kreis der stets Gesunden und Starken.

~

Gar schwierig ist es, bewusst älter zu werden und doch den Fortschritt nicht enteilen zu lassen.

~

Mit den Jahren muss man nicht mehr an allem praktisch teilhaben,
doch stets sich zu einer zeitgemäßen Meinung befleißigen.

~

Auch ohne Schuhschrank und lange Telefonate
fehlte es den alten Ägypterinnen sicher nicht an weiblichen Tugenden.

~

Wer ein Stückchen verwertbare Idee in die Welt wirft,
von dem erwarten die Leute nach Jahresfrist die Erbauung
eines halben Königreichs.

~

Man strebt nach Dingen, die in Mode sind.

~

Selbst wenn man etwas anonym verkündet,
die Freunde erkennen den Adressaten am von ihnen bekannten Stil.

~

Wer auf eine gute Sache blickt,
schaut nebenbei über zehnmal Unsinn drüber weg.

~

Atheisten sind nicht diejenigen, welche Gott vorwerfen,
er habe bei der Schöpfung gepfuscht.

~

Ich kann nur fordern, was ich dringend benötige, nicht,
was ich aus einer Laune heraus glaube zu brauchen.

~

Wir hoffen darauf, dass andere uns retten,
und sitzen derweil wartend beim Kaffee.

~

Viele Leute behalten nur aus reiner Heuchelei Geburtstage im Blick.

~

Am Anfang weckt die Neuheit Hoffnung,
aber schnell kommt die Ernüchterung und man möchte am liebsten
sein Geld zurück.

~

Auf der einen Hälfte des Schachbretts stehen die eigenen Figuren,
auf die andere werden sie gleich losgelassen.

~

Die Unwissenheit des Anderen sieht mancher stillschweigend
als eigenen Vorteil an.

~

Mit einer weit früheren Markteinführung des Computers
stünde der Welt wohl auch nicht mehr sinnvoll bedrucktes Papier
zur Verfügung.

~

Angeblich standen die mehr als 2,3 Millionen Genossen wie ein Mann
hinter ihrem Generalsekretär, doch als alles zusammenbrach und dieser
selbst in Bedrängnis geriet, war keiner der Ehemaligen bereit,
ihn Asyl zu gewähren – ein Pfarrer musste es tun!

~

Ein gesunder Mensch, der nicht handeln will,
hat kein Recht zu beten.

~

Das Experimentieren sieht man Big Brother nicht sofort an.
Was wie ein Spiel aussieht, soll als raffiniert getarnter Versuch ausloten,
wie weit die pseudokulturelle Knechtung von Menschen Duldung erfährt.

~

In der zehn Kilometer entfernten Stadt vermutet jeder
entscheidend mehr Party, Spaß und Action.

~

Nichts vom in den globalen Datenpool Geworfene geht verloren,
auch wenn das meiste hoffnungslos untertaucht.

~

Einer greift zur Flasche, da er anders einen Mitmenschen nicht mehr erträgt.
Was soll ein Dritter tun, dem der Anblick verdrängten Nichtertragens
suspekt ist?

~

Moderne Plastiken erschafft der Bildhauer als gut gemeinten
evolutionären Zusatz, damit natürlicherweise nicht verwirklichte Anatomien
doch noch Realität erlangen.

~

Zeit ist ein wertvolles Gut,
da man in die bereits verflossene nichts mehr hineinlegen kann
und die hoffentlich noch bleibende keinesfalls ausreicht
für die Verwirklichung aller ausstehenden Pläne.

~

Alles Leben ist Philosophie, der Rest Tod.

~

Meine Zweifel an der göttlichen Erschaffung des Menschen wachsen täglich
allein durch das Lesen der Zeitung.

~

In der Talsohle einer Entwicklung ist Umkehr oder Grablegung möglich.

~

In seinem Sterbejahr noch einmal Geburtstag feiern zu dürfen,
ist ein makabrer Trost.

~

Die Börsennachrichten teilen dem Anleger mit, dass sich die Kurse
prächtig entwickeln, ohne parallel dem Fußvolk beizupflichten,
dass Nebenkosten kaum noch bezahlbar sind.

~

Biographien dokumentieren die Auseinandersetzungen
zwischen Menschen und Stolpersteinen aller Art.

~

Der Gesellschaft fühle ich mich nicht verpflichtet, wohl aber den Menschen.

~

Ein Großteil unserer Existenz besteht aus der Erinnerung an Tote
sowie der eigenen Arbeit im Sinne deren Lehre.

~

Selbst wenige Meter vor einem fragwürdigen Ziel ist eine Umkehr
noch möglich.

~

Man lebt für sein großes, persönliches Ziel,
aber nur durch die vielen schönen Momente dazwischen.

~

Die Welt von morgen erlangt nur dann Realität,
wenn die Erfahrungen von gestern und die Praxis von heute
eine fruchtbare Synthese eingehen.

~

Wer sich engagiert, trägt ein Stück Kultur in die Zukunft hinüber.

~

Politiker werden für ihre kindliche Ahnungslosigkeit gut bezahlt,
den Normalbürger entschädigt niemand für seine sozialen Ängste.

~

Von der Verhinderung eines globalen Infernos
und der Verwirklichung hochgesteckter Ziele im All
ist die Menschheit etwa gleich weit entfernt.

~

Der Tod bleibt eine natürliche Größe,
doch wer ihn persönlich nimmt, verliert vorzeitig.

~

Durch Kaufhandlung entsteht Besitz, durch Denkleistung Eigentum.

~

Wer nie liebte,
vermag auch nicht allgemeinverständlich auszudrücken,
wie er über sich konkret denkt.

~

Statt einmal beschriebene Zusammenhänge
in jedem weiteren Buch zu vertiefen, lege man lieber alle Kraft
in die Erstellung des Unikat bleibenden ersten.

~

Manchmal tauchen die unerledigten Hausaufgaben der Jugendzeit
in reiferen Jahren als Fallstricke und -gruben wieder auf.

~

Nur ein Narr betritt plan-, ziel- und ahnungslos ein Labyrinth
und hofft auf den Zufall.

~

Zeit kann genutzt oder totgeschlagen werden.

~

Der Nachthimmel ist für alle da,
auch wenn die einen ihn nicht wahrnehmen, weil sie schlafen,
und die anderen nicht hinaufschauen, weil sie auf Beute aus sind.

~

Ehrfurcht vor der Ewigkeit bedeutet Glaube an Unerforschliches.

~

Wer nie Angst vor dem Tod hat,
lebt in Wahrheit gefühlskalt gegen sich selbst.

~

Wer behauptet, viel Zeit zu haben,
verschleiert seine Unfähigkeit, selbige sinnvoll zu nutzen.

~

Heldentum nährt sich fast ausschließlich vom Emporblicken der Massen.

~

Neben einer klaren Aussage betreffs Dulden und Zulassen
ist es wichtig mitzuteilen, was man zu tolerieren gedenkt.

~

Leidenschaftliche Hingabe darf eine Frau nicht zur Sklavin machen.

~

Das nicht Aufgeschriebene entgeht dem Schicksal, zu verstauben.

~

Viele Theorien gelangen niemals in die engere Wahl der Überlegungen,
wirken aber diskussionskatalytisch.

~

Wer sich gegen zugewiesene Schuld nicht wehren kann, ist selbst schuld.

~

Manche hören „Goethe" und verharren
in feierlich versteinerter Haltung, um konzentriert aufzunehmen,
welcher Ausspruch denn nun kommt.

~

Bei einer lebenden Legende handelt es sich in der Regel um jemanden,
der für den Rest seines Lebens von einer einmal erbrachten Leistung zehrt.

~

Die verfügbare Datenmenge ist so riesig groß und vielgestaltig;
zweimal über ein Beliebiges recherchiert, und man stößt
an seine eigenen Grenzen.

Eine gewisse Angst vor dem möglicherweise zurückkehrenden Sozialismus
beherrscht das Volk. Viel größer scheint mir die Gefahr
des Fundamentalismus oder eine Katastrophe, welche die Menschheit
in die Steinzeit zurückwirft.

~

Zur Füllung mit primitiven Gedanken, gesteuert von niederen Trieben,
existiert der menschliche Geist nicht.

~

Was soll ich die Gespenster fürchten?
Das Tun realer Gestalten macht mir Angst.

~

Gesellschaftlich leere Menge – ungleich natürlichem Vakuum.

~

In einer Diktatur wird alles eingleisig vorgeschrieben,
in der Demokratie treibt die Allgemeinheit von Trend zu Trend …;
ein Jammer!

~

Jeglicher mit angemessenem Ernst und diplomatischem Geschick
angepriesene Nippes findet einen Käufer.

~

Eine Weltanschauung, zu der man sich bekennt,
muss bis in die letzte Nische der eigenen Persönlichkeit wirken.

Die relative Seltenheit erfolgreicher Autodidakten verdeutlicht
die Dimensionen der Kluft zwischen allgemein zugänglichem Wissen
und konkreter selbstinszenierter Aus- und Weiterbildung.

~

Die Vergangenheit nehmen wir zu einseitig als mit vermächtnisbeladenen
Toten angefüllt wahr und sehen in der Gegenwart viel zu unkritisch
Personen im Amt, welche ohne konkrete Zukunftsvision sind.

~

Im Himmel sind sich gewiss auch nicht immer alle einig.

~

Der bloße Glaubensbruder bleibt immer Statist, unfähig,
zur handelnden Größe zu reifen.

~

„Aus Alt mach' Neu" widerspricht dem Wesen der Marktwirtschaft.

~

Auch wenn noch kein Fallschirmspringer oder Skiflieger
in der Luft hängen blieb, möchte ich nicht in ihre Rolle schlüpfen.
Mich beunruhigt nicht die Phase des geglückten Landens,
eher die Vielfalt an Möglichkeiten, den Boden wieder zu berühren.

~

Ein Film über Sex im Alter: „Der Mann, der nach der Oma kam."

~

Für einen Hypochonder besäße ich wohl nicht die nötige Phantasie,
um glaubhaft darüber zu philosophieren, was mir nicht fehlt.

~

Die Grenze des Machbaren ist ungleich dem maximal Gewollten.

~

Im nächsten Leben mache ich alles anders,
und ist es endlich so weit, kehre ich gewiss zurück als schnöde Eintagsfliege.

~

Ein englisches Sprichwort besagt:
„Ein gutes Gewissen ist ein fortwährendes Fest." Jetzt wird mir
der hohe Alkoholkonsum vieler Briten klar.

~

Gewissenlos zu sein, das ist nicht weiter schlimm.
Man kann sehr alt damit werden.

~

Im Zeitalter grassierender Parodontose und weit verbreiteter Karies
fallen logischerweise auch die Gewissensbisse eher zaghaft aus.

~

Aus Sicht muslimischer Frauen sind die europäischen
außerordentlich gleichberechtigt.

~

Brechstange (die): klingt fast so, als sei sie das letztmögliche Mittel,
um den Magen gewaltsam zu entleeren.

~

Das Vertragspapier mag geduldig sein, nicht aber der Gläubiger,
welcher auf sein Geld pocht.

~

In seiner maßlosen Gier bemerkt der Mensch nicht,
dass er mit aller Kraft an der Lebensader der Welt saugt.

~

Man kennt seine Grenzen und sucht intensiv nach Schlupflöchern.

~

Keiner der nach Millionen und Milliarden Strebenden ist in der Lage,
der Welt das Warum und Wofür allgemein verständlich zu erläutern.

~

Der Blick in den Spiegel ist das kleinste Glied einer Kette von Faktoren,
die den Menschen zur Selbsterkenntnis führen.

~

Mit einer Forderung nach fürstlicher Vergütung
verspielt sich der Weltretter alle Sympathien.

~

Vorsicht ist geboten, wenn die neue Flamme gleich am ersten Tag
über Geld redet.

~

Gleichberechtigung hin oder her: Ich brauche keine Silikonaufpolsterung,
um meinen nicht vorhandenen Bierbauch aufzuwerten!

~

Vielleicht existieren sie, die gespaltenen Persönlichkeiten,
welche sich nicht auf Opernhaus oder Fußballstadion festlegen können.

~

Gleichberechtigung bedeutet nicht, dass Männer gebären sollen,
während die Frauen in der Kneipe sitzen.

~

In Zeiten von Revolutionen können sich Pyromanen unbemerkt
unter das Volk mischen und fallen mit ihrem Tun kaum auf.

~

Am intelligentesten wirken die Kandidaten als Abbildung
auf den bunten Wahlplakaten.

~

Selbsternannte Fachleute rekrutieren sich stets
aus einem jenseits allen Geschehens verharrenden Personenkreis.

~

Man formt seine Meinung über Leute am effektivsten,
indem man genau analysiert, über wen sie schlecht sprechen.

~

Über Wege, die man niemals einschlug,
muss man auch keine Rechenschaft ablegen.

~

Einen Vorteil hat das Messileben:
Man bekommt keinen Besuch von der ungeliebten Verwandtschaft.

~

Aller Liebe zur Natur zum Trotz müssen ab und zu einige Büsche weichen,
damit die Leute daran erinnert werden, dass dahinter ein Denkmal steht.

~

Obwohl ich mein Geld zusammenhalte,
bleibt mir jeglicher Reichtum erspart.

~

Manchmal bekommt einer recht,
nur damit die anderen auch noch zu Wort kommen können.

~

Das Jägerlatein reicht bekanntlich zurück
bis zu den bemalten Höhlenwänden der Steinzeitmenschen.

~

Er äußert sich in keiner Weise zum Thema.
Gesten und Mimik sagen aber alles.

~

Vieles von dem, was man in der Jugend als Ratschlag mit auf den Weg bekommt, legt man irgendwo am Rande ab oder verliert es fahrlässig.

~

Wer Ordnung ins Chaos zu bringen verspricht,
kommandiert lediglich den Letzten ab, der gelegentlich hier und da wenigstens noch ein bisschen Staub wischt.

~

Ein Straßenstrich existiert weltweit, um den Kraftfahrern anzuzeigen, wo sich die Fahrbahn seitlich begrenzt.

~

Allein schon durch ehrliche Selbstkritik gelangt man zur Erkenntnis, dass nicht nur fremde Idioten am Werke sind.

~

Viele Absonderlichkeiten klingen – in ein Gerücht gepackt – gleich viel besser.

~

In der Schule wurde die Prügelstrafe längst abgeschafft, nicht aber generell in der Ehe.

~

Wer seinen Arzt überlebt, arrangierte sich eben gut mit der eigenen Krankheit.

~

Die kapitalistische Globalisierung
wird mit der kommunistischen Weltordnung das Schicksal teilen.

~

Nichts gegen die Extremsportler, aber wo sind die Extremdenker?

~

Globalisierung beinhaltet die gleichmäßige Verteilung der Weltprobleme
auf alle Länder.

Man ist so krank wie man sich fühlt.

Der eine kann kein Blut sehen, der andere sieht nicht, wo es an etwas fehlt.

Ich glaube an das Menschliche in jeder Person,
aber nicht jedem traue ich als verlässlichem Handlungsträger.

Jeder, der sich irgendeiner Bewegung anschließt,
schwimmt streng genommen lediglich mit.

Lässt man sich ständig volllaufen, läuft das auf nichts Gutes hinaus.

Aus einem Glauben heraus entstand noch nie etwas spontan,
aber für einen Glauben (oder inspiriert durch ihn) wurden schon viele
hohe Gebäude errichtet.

Ein König, welcher den zu praktizierenden Glauben nicht befiehlt,
ist König des ganzen Volkes.

Der Gläubiger ist fest davon überzeugt,
dass er auf jeden Fall sein Geld zurück bekommt; daher der Name.

Zwar bin ich ein einfacher Mensch, aber nicht einfach zu handhaben.

Große Persönlichkeiten stehen wegen der Auswirkungen
ihrer wegweisenden Entscheidungen auf dem Sockel und nicht aufgrund
der begangenen Fehler.

~

Wer Gras über eine Sache wachsen lässt, verhält sich keinesfalls ökologisch.

~

Wem alles gleich wichtig ist, dem ist nichts wichtig, der ist gleichgültig.

~

Ihr armen Götter der Antike, niemand mehr betet euch an.

~

Tatenlos gleichgültig, uneins und warme Luft verbreitend,
steuert die Menschheit dem Abgrund entgegen.

~

Gleichgültigkeit füllt über weite Strecken die Normalität aus;
normal ist das nicht.

~

Selbst beim Falschmachen begeht mancher einen verhängnisvollen Fehler.
Meist endet alles, was so was von falsch ist, leider tödlich.

~

Verfallserscheinungen zeigen sich meist in Form gehäufter Installationen
von Pseudokulturen.

~

Persönliche Aktivitäten können sich durchaus darauf beschränken,
die Gerüchteküche eines kleinen Dorfes im Blick zu behalten.

~

Niemand ist in geheimer Mission gemeinnützig unterwegs.

~

Es reicht nicht aus, den Anderen in seine Gebete einzuschließen.

~

Wer sein Leben als Jahreskette abarbeitet,
erlebt keine einzige wichtige Etappe.

~

Jemand mag ein Leben lang keine Grenze überschreiten,
am Ende tut er es doch.

~

Lasst ab von den Versuchen, Emotionen sichtbar zu machen;
gar mancher käme um seinen guten Ruf.

~

Wir brauchen keine Fließbandaphorismen,
die Welt ist ohnehin schon mit jeglichem zugemüllt.

~

Nach den Vorkämpfern kommen die Aktivisten,
die eine Sache durchsetzen, gefolgt von den Sektierern,
die alle Nebenlinien mit einem Kult besetzen.

~

Rekonstrukionsversuche vergessener Ideen führen zwangsläufig
in die Bahnen neuer Ansätze.

~

Die Sonne kann man nur bewundern. Sie hält sich Tag für Tag exakt
an die Auf- und Untergangszeit, die der Kalender angibt.

~

Mit wessen Fachgebiet und Werk ich nichts anzufangen weiß,
achte ich dennoch freimütig als Menschen.

~

Du kannst mich nicht einfach, einfach handhaben.

~

Manch einer wuchs dank Glanz und Schatten seiner Werke und Reden
zur großen Persönlichkeit.

~

Der Begriff Geist umschreibt weniger das vorhandene Hirnpotential,
vielmehr das eingesetzte.

~

Er gibt vor klar erkannt zu haben; doch überdachte er wirklich das,
mit dem er konfrontiert wurde?!

~

Allein mit den zwitschernden Vögeln im Walde,
bedarf es keiner weiteren Gesellschaft.

~

Der hohe Norden liegt in Wahrheit gar nicht so außergewöhnlich
über dem Meeresspiegel.

~

Der Sandmann ist der Harmloseste von denen,
die uns täglich Sand in die Augen streuen.

~

Leiste beständig eine gute Tat, ohne dies in Erwartung von Applaus
oder Orden zu tun.

~

Er zeigt Großmut, damit alle sehen, dass er es sich leisten kann.

~

Jede wirklich große Tat ist meist in hundert kleine eingebettet.

~

Niemand überschreitet in seinem Leben eine Grenze,
alle bleiben bis zuletzt Mensch.

~

Aus ökologischen Gründen kommt nichts mehr in die (Plastik)tüte.

~

Kein Ehrenamt wurde je wegen Überfüllung geschlossen.

~

Persönliche Grundsätze sind nicht das Grundgesetz – man kann sie
unbürokratisch ändern.

~

Was sollen Grundsätze bewirken, die nicht für alle gelten?

~

Es darf nicht ewig ein bloßer Grundsatz bleiben,
was man vor Jahren grob anpeilte.

~

Mögen Prinzipien auch keinen Bezug zur Realität aufweisen:
der Mensch leistet sich welche und erscheint gleich viel gebildeter.

~

Die Güte eines Menschen leitet sich von seiner Güte ab.

~

Wie oft wurde durch Größenwahn zwar nichts bewegt,
aber vieles zerstört.

~

Den Menschen muss man erkennen,
nicht Geschlechter wahrnehmen und Gläubige oder Nationalitäten
unterscheiden.

~

Die Menschheit ist dabei, sich von den Fesseln der Moral zu (er)lösen.

~

Wer Dummheit mit formelhaften Strukturen erklärt,
verwandelt sie scheinbar in Intelligenz.

~

Der Kopf schickt den Menschen los und die Beine müssen es richten.

~

Packt einer die Ergebnisse seiner ehrenamtlichen Arbeit
in das Geschwätz riesig aufgeblähter Auswertungen,
glaube ich ihm seine karitative Gesinnung nicht.

~

Greift ein Szenestar eine verrückte Idee auf, hat sie gute Chancen,
Teil eines neuen Kunststils zu werden.

~

Über seine frühere Meinung möchte er nicht noch einmal nachdenken;
man fragt sich, wie sie damals in seinen Kopf kam.

~

Auch im Mikrokosmos gibt es Großes zu entdecken.

~

Andere Süchte als die nach Genuss, Besitz, Macht, An- und Aussehen
kenne ich nicht.

~

Alles was du anzweifelst, lasse nicht aus den Augen.

~

Wer ein Haus baut, muss sich zunächst
als Fundamentalist betätigen.

~

Die Menschen glauben Fachkompetenz und Bürgernähe zu wählen,
ersteigern in Wahrheit eine professionell durchgestylte Marionette und
ermöglichen ihr den Aufstieg; so und nicht anders läuft das.

~

Es genießen Menschen ein empfundenes Glück,
das ihre Mitmenschen lediglich als schillerndes Nichts wahrnehmen,
sich jedoch in diskretes Schweigen hüllen.

~

Ausgenutzt und betrogen wird man oft gerade dann,
wenn ein Gefühl von Sicherheit ein Maximum der Seele ausfüllt.

~

Es wäre tragisch, müssten die ersten Mond- oder Marsbesiedler
von dort oben aus das Ende der irdischen Zivilisation beobachten.

~

Eines großen Geistes bedarf es,
die Zusammenhänge im Kleinen zu erkennen.

~

Die Glückssträhne hängt stets am seidenen Faden.

~

Frei nach Brecht:
Erst kommt die große Fresse und dann immer noch keine Moral.

~

Viele Argumente sind nur getarnte Vorbehalte.

~

Wer die Mittel besitzt, um Güter und Produkte nach Belieben zu erwerben,
kauft niemals den Schwung mit, der glücklichen Gebrauch garantiert.

Auf einen Thron kann man praktisch jeden setzen,
aber nur wenige verstünden es, sinnvoll zu befehlen.

~

Der Reiche vermutet die Ursache seiner Unzufriedenheit
im zu zaghaften Streben nach noch mehr Besitz.

~

In dieser vernetzten Welt sind wir quasi wie im Spinnennetz gefangen.

~

Freude am Tun und Stolz auf Ergebnisse – einigen Zeitgenossen fremd;
sie empfinden schlichtweg jede Tätigkeit als Strafe.

~

Die wahre Koryphäe lässt fremde Meinung und Erfahrung gelten,
so sie einen Beitrag im Fachgebiet leisten.

~

Mit meinen Vorstellungen von Glück könnte ein anderer nur schlecht leben.

~

Gelegentlich macht sich der Mensch zum Affen,
was an der verwandtschaftlichen Beziehung liegen muss.

~

Abseits stehen bleibt, wer den direkten Vergleich scheut.

~

Das Glück der Zukunft liegt in unserer Hand – ein Glück,
das reale Gestalt annimmt, wenn unser aller Hände längst
zu Staub zerfallen sind.

~

Wir werden alle ums Leben kommen, aber nicht um unsere Ideale.

~

Die Gleichberechtigung kam in der Aphoristik noch nicht an;
fast ausschließlich wird von großen Männern
und ihren heroischen Taten gesprochen.

Die christlichen Wurzeln Deutschlands sind nicht zu leugnen,
doch das, was oberirdisch wächst, ist ein kränkelnder Baum.

Zur Not lässt sich eine Haltung auch im Liegen glaubhaft verkünden.

Die Rechten wollen nicht wissen, was die Linken tun, und umgekehrt.

Die Muse zeigt sich launisch, immer küsst sie nicht.
Vielleicht liegt es auch nur an den oszillierenden Hormonen.

Das Gute mag so nahe liegen, aber das Böse schwebt direkt über uns.

Was angeblich aufs Haus geht, befindet sich natürlich gut versteckt
von vornherein irgendwo auf der Rechnung.

Der gute Mensch als auch der Böse – beide sind Kosmopoliten.

Eine angeblich sichere Aufbewahrung für die Ewigkeit
lässt die Dinge tatsächlich in tiefe Versenkung und Vergessenheit fallen.

Reichsadler und Pleitegeier misstraue ich und schenke daher
meine gesamte Sympathie der Friedenstaube und dem Suppenhuhn.

Eigentlich gehöre ich zu den Guten, aber dann erreicht mich
eine schlimme Nachricht und mir wird plötzlich ganz schlecht.

~

Ausrede der Woche:
„Das ist kein Haar in der Suppe, sondern ein falsch platziertes Dessert."

~

Die Redner verstehen es, Antworten zu geben und Argumente auszubreiten,
deren Sinn sie klugerweise nicht mitteilen.

~

Zum Wunder Mensch gehört auch die Tatsache,
dass steinalte Menschen existieren, von denen niemand weiß,
was sie in all ihren Lebensjahren leisteten.

~

Die Zaghaftigkeit vieler Leute lässt den Schluss zu,
dass sie auch vor dem Leben Angst haben.

~

Mancher besitzt Berge von Silber und Gold,
die er aber nicht als Lohn für Reden und Schweigen erwarb.

~

Lediglich die Kunden eines großen Elektronikmarktes sind clever,
allen anderen sieht man die Blödheit an.

~

Die perfekte Meisterung einer Situation darf nicht zu dem Trugschluss
verleiten, dass man ab sofort allen Facetten des Alltags gewachsen sei.

~

Erst hat man eine Frau lieb, dann wird sie von ganz allein lieb und teuer.

~

Menschen mit Visionen könnten die Welt verändern, vorausgesetzt,
es gelänge ihnen primär, die Massen aus ihrem Schlummer zu reißen.

~

An einem Samstag oder Sonntag, dem 13.,
nimmt niemand den geringsten Anstoß.

~

Gewissen Staaten der Dritten Welt sollte der Status genommen werden,
Discountabteilungen von anrüchigen Partnervermittlungen zu sein.

~

Es existieren Missstände, an deren Beseitigung niemand Interesse zeigt,
da deren Fortbestehen den des allgemeinen Müßiggangs sichert.

~

Die Altherrenrunde am Nachbartisch diskutiert lautstark über eine bunte
Vielfalt gestriger und heutiger Fakten, zwar nicht druckreif, auch anmaßend
und herablassend, meist in größerer Entfernung zur Wahrheit angesetzt,
aber unterm Strich mit erschreckend realem Kern.

~

Man mag über alle, einige oder gewisse Menschen denken was man will;
ohne Kontakt zu seinen Mitmenschen kann niemand existieren.

~

Es kann nicht auf Schönheitsschlaf verzichten,
wer noch an sich arbeitet.

~

Das schauspielerische Talent einiger Mitmenschen ist beachtlich.
Sie tun so, als würden sie bis zum Hals in der Arbeit stecken,
und – sie tun es sehr überzeugend.

Der Weinverkoster muss stets nüchtern zur Arbeit erscheinen.
Alles andere ergibt sich später.

~

Wer vor leeren Rängen redet, hört den Klang der eigenen Stimme
besonders gut.

~

Ab heute klopfen wir Sprüche; bis gestern übten wir an Schnitzeln.

~

Das beste Beispiel für ein Armutszeugnis: mein leeres Sparbuch.

~

Früh sind wir nicht dieselben wie abends, doch stets sind wir es selbst.

~

„Er hat was auf der Kirsche!" Als C. dies hörte,
fiel ihm schlagartig ein, wo er seine angeblich gestohlene Leiter
vor Monaten stehen ließ.

~

Lustmolche gehören nicht zu den geschützten Amphibien.

~

Einen Gott lasse ich mir nicht vorschreiben;
ich finde allein den zu mir passenden.

~

Längst vergessen scheint, dass früher alle Leute im erweiterten Sinne
Handwerker waren. Keiner möchte das heute mehr wissen.

~

Keine Abnahme des Zuviel an Körpersubstanz
ohne Zunahme des Bewusstseins.

~

Durch die Mittel der Kunst lässt sich die Welt
in unzähligen Facetten darstellen. Manch einer macht es kurz und trinkt sie
sich mit alkoholischen Mitteln schön.

Der Inhalt von Fettnäpfchen bleibt auf wundersame Weise beständig frisch
und wartet seit Urzeiten hartnäckig auf ahnungslos daherkommende Opfer.

~

Manch einer wäre ohne vorbeugende Maßnahmen seiner Mutter
ungezeugt geblieben.

~

Bei adeligen Leuten hängt im Aufgang die Ahnengalerie,
bei manch Probierfreudigem eine Anzahl Hochzeitsbilder,
und das letzte ist mit Sicherheit noch immer nicht dabei.

~

Das Jammern des Hypochonders
sehe ich als seine Art an, einen Freudenschrei auszustoßen.

Auf dem Schildchen in der Unterwäsche
sind vielfältige Pflegehinweise und Reinigungsgebote aufgedruckt,
es fehlt nur die alles entscheidende Empfehlung,
nach wie vielen Wochen sie zu wechseln sei.

~

Er führte einen Engel zum Standesamt und bemerkte zu spät,
dass dieses Kostüm nur als Schafspelz fungierte.

Jeder Klassiker starb lange vor seinem natürlichen Dahinscheiden
tausend Tode im Herzen seiner Kritiker.

~

Mit der Heirat endete schon manche Variante von Glück.

~

Mit einiger Vorsicht vermute ich: Selbst ganz am Ende
gibt man die Hoffnung nicht auf, nur um optimistisch zu sterben.

~

Wer den Begriff „Steckenpferd" nicht kennt, leitet vielleicht ab,
das Tier sei behindert.

~

Auf meinem Steckenpferd reite ich nun schon fast dreißig Jahre;
ich rede vom Hobby und nicht der Frau.

~

Wo viele Hände sind, hängen meist nur etliche Zuschauer dran.

~

Kosmische Staubkörner, die wir sind, machen uns Denken und Handeln
doch zu Riesen.

~

Preise ich die Vollkommenheit dieser Welt und denke dabei
an die belebte Natur, Wasser, Wetter und Gestein sowie darin eingebettet
den Menschen, stimmen mir garantiert Leute zu, welche vordergründig
eine Vermehrung ihres Geldes im Sinne haben.

~

Dem Menschen sollte nur in der Badewanne
das Wasser bis zum Halse stehen.

~

Geht es dir nur darum, eine fürsorgliche Frau kennenzulernen,
kannst du auch bei Muttern bleiben.

~

Aus kosmischer Sicht sind wir alle ein Nichts und sollten dennoch
dem Drang widerstehen, diese Erkenntnis resignierend
auf unser Handeln zu übertragen.

~

Ich kenne mich zu gut, als dass Rasieren ohne Spiegel nicht gelänge.

~

Bisher wurde ich noch nicht von Aliens entführt und kenne auch nur Leute,
welche ebenfalls ohne diese Erfahrung leben müssen, bin also nicht
der einzig Unnormale.

~

Mangel herrschte nicht nur in der DDR, sondern schon zu Zeiten
der Schöpfung. Gott musste in seiner Not auf Adams Rippe zurückgreifen,
um Eva formen zu können.

~

Vielleicht entwickeln sich alle gesellschaftlichen Vorgänge
hin zum Anonymen, wenn wir ungebremst fortfahren, immer mehr
Lebensbereiche den Computern anvertrauen.

~

Einer interessante Aufgabe muss man sich stellen, lange bevor sie
als harte Forderung polternd das ganze Bild des Alltags einnimmt.

~

In allen Ländern beißt der Hund, nur in wenigen
landet er auch in der Pfanne.

~

Wer auf ein Beliebiges sofort mit Kritik reagiert,
glaubt sich reaktionsschneller und klüger als jene,
welche bedenken.

~

Im Guinnessbuch der Rekorde fand ich keine Zeile
zum Hypochonder mit den meisten Symptomen.

~

Er schleicht auf leiser Sohle hin zu seiner Spielkonsole.

~

Der eine ist Jägermeister mit Gewehr, der andere mit Flasche.

~

Gerade Leute mit null Ahnung
verhöhnen ihre engagierten Mitbürger am intensivsten.

~

Das Heute kann ich fahrlässig vertrödeln,
jedoch nicht überspringen.

~

Die zeitgenössische Frau ist befreiter als gleichberechtigt.

~

Wer eine Runde Kümmerling ausgibt,
kümmert sich eben auch um seine Mitmenschen.

~

Durch zu viel Verzehr von Kümmerling wird der Mensch
zu einem solchen.

~

Viele, die plötzlich zu Geld kommen, kehren schlagartig
eine der Umwelt bisher nicht bekannte Seele nach außen.

~

Nur durch das Heute existiert eine Brücke
zwischen gestern und morgen.

~

Stimmen die Klimaprognosen, wird der Schnee von gestern
irgendwann für lange Zeit der letzte sein.

~

Die Scheinheiligen betrachten ihre Pseudoqualitäten
als Heiligenschein.

~

Seine Liebe zur Bruchrechnung bringt er im alleinigen Tun
von halben Sachen zum Ausdruck.

~

Verschläft die Welt eine Revolution,
liegt es sicher an den mitbeteiligten Hypochondern.

~

Der wundertätige Katholik wird lange nach seinem Tod selig
und dann eventuell heilig gesprochen. Kein Normalbürger erlangt postum
die Ehre, Doktor seines Fachgebietes zu werden.

~

Wir warten immer noch auf den ersten Papst,
dessen Vater auch schon Papst war.

~

Zwar geht er sonntags scheinheilig in die Kirche,
die ganze Woche über ist ihm allerdings nichts heilig.

~

Früher formte man Büsten aus Gips oder Marmor,
heute behilft man sich mit Silikon.

~

Einige heiraten des Geldes wegen, das sie selbst nicht haben.

~

Nur weil es zu allen Zeiten werktätige Menschen gab,
konnten die später Heiliggesprochenen in aller Ruhe ihre Wunder tun.

~

Der Heilige ist ein verstorbener Mensch,
dem die übliche Totenruhe vorenthalten wird.

~

Was geschieht mit dem Hausheiligen, wenn die Bude abbrennt?

~

Die Scharen von Jungfrauen, von denen die Kirche spricht,
gab es auf Erden in summa zu keinem Zeitpunkt.

~

Heil bin ich schon, aber zum Heiligen
fehlen mir einige Buchstaben.

~

Die Biologie sieht den Menschen anders als die Gesellschaftswissenschaften.
Fast scheint es so, als seien verschiedene Wesen gemeint.

~

Der sterbende Ökoaktivist erhält seine letzte Ölung mit Olivenöl
vom Bioerzeuger, nativ gepresst bei Vollmond und ohne Gehalt von
Pestizidrückständen, angebaut am Südosthang, geerntet einen Tag vor dem
Ende der Sommerzeit und mit dem Fahrrad vom Erzeuger abgeholt.
Und dennoch nützt dies alles nichts, noch heute
ereilt den Mann der Tod.

~

In diesen verrückten Zeiten gebe ich keine Prognosen ab
zur Lebenserwartung eines Zwanzigjährigen vs.
einhundertsechsjährigen Mannes.

~

Der Witwer spricht seine verstorbene Frau heilig für all die Wunder,
die sie ihm zuliebe über Jahrzehnte in der Küche vollbrachte.

Es vermeidet spätere Auseinandersetzungen,
wer sich von Anfang an auseinander setzt.

Eine allgemein als hässlich bezeichnete Frau
(geachtet, so wie jedes weibliches Wesen!)
wird keinen einzigen liebenswerten Zug vermissen lassen.

Das Schreiben betrachte ich als Resonanzboden meiner Reflexionen.

Die Kunst liegt darin, die Auswirkungen großer Ereignisse
auf den lokalen Kosmos zu steuern, ohne sich ihrem Diktat zu unterwerfen.

Die Bewohner sehr kleiner Staaten haben gute Chancen,
ihre Heimat vollständig kennenzulernen.

In einer Zeit, in der sich alles um Geld und materiellen Besitz dreht,
wird karitatives Tun zunehmend ins Licht der Unglaubwürdigkeit gerückt.

Bei einigen Zeitgenossen fragt man sich,
ob sie damals nicht schon in der Kneipe geboren wurden.

Es gibt Schlimmeres, als verheiratet zu sein,
aber nur Weniges ist viel schlimmer.

Keiner möchte vor seiner Zeit sterben,
doch schaut der Tod bekanntlich nicht aufs Datum.

~

Viele Menschen verbleiben lebenslang im Zustand
eines Rohdiamanten.

~

Einen alten Hand-, Heim- und Feuerwerker wirft so leicht
nichts aus der Bahn.

~

Leimruten legen wir nicht mehr aus, schießen aber immer noch
mit Kanonen auf Spatzen.

~

Beherrscht die Angst das Gemüt,
kann von einem effektiven Wirken keine Rede mehr sein.

~

So arm manche Menschen auch sind,
einen Schatten können sie sich leisten.

~

Zuerst liebten sie einander, dann geraten sie aneinander,
streiten miteinander, halten nicht mehr zueinander,
vorbei das Aufeinander und die Sorge füreinander,
man redet schlecht voneinander,
alles endet im Neben-, Gegen- und Durcheinander,
es bleibt nur die Möglichkeit des Auseinander.

~

Die Welt der Fremdwörter – ein separater Kosmos.

~

In Abwesenheit von Alkohol fühlt sich eine starke Minderheit unglücklich
und leidet unter Entzug.

Mein Vermögen beschränkt sich auf das, was ich zu tun vermag.
Lasst mich zufrieden mit Fragen nach bedrucktem Papier
und gequetschten Metallscheibchen.

Wenn die Milliardäre anfangen zu verhungern,
ist der Rest der Menschheit längst zu Staub zerfallen.

Die Kastanien, welche ich aus dem Feuer hole, verzehre ich selbst.

Damals waren wir naive Kinder, die an die Einfachheit der Welt glaubten.
Heute geben wir uns gereift und erfahren, kaum jemand spricht davon,
dass wir seit langem jenseits aller Illusionen leben.

Großspurige Kampagnen fordern zum Spenden zur Rettung
des Regenwaldes auf, den es trotzdem in fünfzig Jahren
nicht mehr geben wird.

Wird der Hunger zu groß,
schreckt gerade der Mensch vor nichts zurück.

In weiten Teilen der Welt macht der Mensch
die Wahrscheinlichkeit möglicher Existenz eines Beliebigen
von seinem Glauben daran ab.

Ein einzelner Tag
verschwindet im Skat der Gesamtlebenszeit eines Menschen
und dennoch ist es schade um jeden, der vertan dahinfließt.

~

Es geht niemals um die Konstruktion von Konstellationen,
sondern um Niederschrift dessen, was sich im Geiste aus einer Art Nebel
erhebt, wenn selbst Erlebtes, Gehörtes oder Angelesenes
in einer ruhigen Stunde wiederholt den Denkprozess durchläuft
und eine interessante, des Mitteilens werte Struktur erhält.

~

Das Ende von Erde, Sonne und Weltall in einer fernen Zukunft
ist wissenschaftlich beweisbar; die Menschen können also nicht von einem
speziell auf sie zugeschnittenen ewigen Leben ausgehen.

~

Streng genommen existiert lediglich ein Krieg der Menschheit
gegen alle Arten von äußeren Faktoren.

~

Was heutige Schildbürger zu Stande bringen,
kann jedermann an Straßenrändern und Kreuzungen kostenfrei bewundern.

~

Ob deine Botschaft ihr Ziel erreichte, erkennst du nicht am Applaus.

~

Versuche freudig zu denken, und verharre nicht in einem Zustand,
der dir permanent das Lachen vergehen lässt.

~

Ein doppelter Boden schützt nicht
vor dem eventuell von oben Kommendem.

~

Der alle Rahmen sprengende Fortschritt der Wissenschaft
veranlasst zu einem überschwänglichen Optimismus,
der leider zu wenig Platz für berechtigte Sorge um Missbrauch
und unvorhersehbare Konsequenzen Raum lässt.

Zum Glück schert sich die alte Linde auf dem Dorfplatz nicht
um die über lange Zeiträume erfolgte Beschallung
mit Krankheitsgeschichten.

Eine Brille, die scheinbar unwichtige oder unbequeme Szenen ausblendet,
muss erst noch erfunden werden.

Wie unterschiedlich sind doch die Geschmäcker
bei aller Gleichheit der Menschen.

Notwendigkeit (die): Trotz eines Lebens in großer Not ziehen
die betroffenen Menschen alle Register, um mit vielseitiger Wendigkeit
ein Überleben zu bewerkstelligen.

Es diskutieren stets die, welche völlig ahnungslos sind und glauben,
so das Minus an Kenntnis kompensieren zu können.

Theoretischer Physiker – das klingt, als tue der Mann nur so,
als würde er forschen.

Sollten in der Hölle tatsächlich riesige Feuer lodern,
brauchen wir uns nicht länger zu wundern über den hohen Ölpreis.

Wer für kein Amt brauchbar ist, hat vielleicht das Zeug zum Märtyrer.

~

Mit der allabendlichen Dunkelheit geht der Vorhang auf
und jeder bekommt seine Möglichkeit, die Bühne der Unendlichkeit
zu beschauen.

~

Über den Dingen stand real noch keiner, aber gar viele, viele
tun es immerfort gedanklich.

~

Die Hölle ist ein riesiger Partyraum, der nie zur Ruhe kommt.
Immer geht es laut zu und niemand wagt an die Wand zu klopfen.

~

Vom Himmel erwarte ich lediglich Sonnenwärme und Licht,
gelegentlich etwas Regen und mein tägliches Maß Inspiration.

~

Der Himmel betreibt für sich selbst keine gute Werbung.
Wie oft schon schimpften die Leute völlig zu Recht über das miese Wetter.

~

Eine Hölle gibt es wohl nicht, aber wir sind auf bestem Wege,
die Erde als solche einzurichten.

~

Ziehen die Männer in die Schlacht, bleibt der Dorftölpel zurück
und fungiert als Frauentröster.

~

Ehrliche Höflichkeit öffnet das Tor einen Spalt
hin zu erhofften Erwartungen.

~

Je mehr Aphorismen aufgeschrieben und verbreitet werden,
um so weniger intensiv möchte der Normalbürger daraus Schlüsse ziehen,
lernen und sich antrainieren, die Vielfalt kleingedruckter Zusammenhänge
zu erschließen.

~

Zu achzig Prozent besteht das Erbe der modernen Menschheit
aus Haus- und Industriemüll.

~

Ein Held wird geformt, wenn eine Legende durch viele Münder geht.

~

Lass alles stehen und liegen, du wirst gleich wieder als Held gebraucht.
Den Helden der nächsten Generation kannst du heute Abend
immer noch zeugen.

~

Wären die Kollateralschäden nicht so hoch,
könnte man ihn als Held bezeichnen.

~

Überlieferte letzte Worte reduzieren selbst die größte Persönlichkeit
auf den Faktor Mensch.

~

Die Feldfrüchte des Bauern gedeihen durch Sonne und Regen,
der Gläubige schaut nach oben und ohne das Himmelstor
gäbe es auch keine Raumfahrt.

~

Sollten tatsächlich etwa fünfzig Milliarden Menschen
bis zum jetzigen Zeitpunkt existiert haben, müssten Himmel und Hölle
eigentlich längst überfüllt sein.

~

Niemand fällt mit seinem Tod in völlige Versenkung.
Die meisten Personen treten lediglich zu weit in den Hintergrund,
um greifbar zu bleiben.

~

Die Erfinder denken sich ein neues Gerät aus und wir
sollen gefälligst damit arbeiten.

~

Nero zündete Rom nicht persönlich an – das taten
seine amtlichen Brandstifter.

~

Das Denkmal aus Sand existiert für den Augenblick,
jedoch als Legende ewig weiter.

~

Über den optimalen und vor allem effektiven Umgang
mit eigenem und fremdem Wissen wissen wir noch viel zu wenig.

~

Manch Hartherziger löschte aus seinem Gedächtnis
sogar die Erinnerung an die Güte der eigenen Mutter.

~

Er besitzt ein mit Antiquitäten vollgestopftes Haus
und eine unmöblierte Seele.

~

Wie oft wird ein Zusammenhang ironisch ummantelt, relativiert und
verharmlost, nur um den Schein nach außen hin zu wahren.

~

Der Herzschrittmacher gibt eben nur dem Herzen neue Impulse.

~

Unter den modernen Aphoristikern tummeln sich auffällig viele Wortspieler.
Sie füllen Bände, präsentieren sich breitgefächert im Internet und bringen
im Grunde nichts Falsches zum Ausdruck – was aber konkret
in Wirklichkeit?

~

Die Entwicklungen geht extrem rasant vonstatten und es ist zu befürchten,
dass der Mensch auf der Strecke bleibt.

~

Mich verlangt es weder nach Himmel noch Hölle.
Entweder existiert weder hier noch dort der kleinste Schnipsel Papier oder
man erlaubt mir nicht, einen Gedanken zu notieren.

~

Ein Heuchler arbeitet mit ganzer Kraft, scheinbar zum Wohle aller,
in stiller Hoffnung, dass man ihm übermorgen
– finanziert aus den Zinsen seines Tuns –
ein Denkmal errichtet.

~

Unzählige Menschen streuten und streuen Fluten von Büchern
und Einzelgedanken in die Welt, und siehe da – sie ward nicht besser.

~

Streue Geld unter das Volk und für einen Moment sind alle zufrieden,
ruhig und glücklich.

~

Auch wenn du jetzt dein Glück fandest; scheue nicht den Blick zurück,
vergiss niemals die Talsohle der Entwicklungen, urteile nicht abfällig
über das Gewesene und deine damaligen Entscheidungen;
du wusstest und konntest es nicht besser.

~

Jeder Mensch ist intensiv damit beschäftigt,
Gott oder ein persönliches Äquivalent in den Mittelpunkt
des eigenen Bewusstseins zu rücken. Die Frage ist nur:
Wie sieht der persönliche Part aus?

~

Kein ehrlicher Held pocht auf umfassende Anerkennung seiner Verdienste,
selbst wenn sie groß sind und die Welt ihn dennoch vergaß.

~

Einigen kann man nichts recht machen, doch anderen,
die über das nötige Kleingeld verfügen, wird Recht gemacht.

~

Fahre unbeirrt fort dein Inneres zu möblieren, und werde nie müde,
in der bereits vorhandenen Ausstattung Staub zu wischen.

~

Und sei einer noch so hartherzig und verschroben – er weiß,
dass er ohne das Zusammenleben mit den gutmütigen Menschen
nicht überleben kann.

~

Alle schauen mit Ehrfurcht zu einem neuen Imperium empor und niemand
kommt auf den Gedanken, zu hinterfragen, wie viel Betrug, Heuchelei und
Blendung, Blut, Tod und Leid zu dessen Aufbau beitrug.

~

Manches Abenteuer wird noch am selben Abend teuer.

~

Das Leben ist so grausam und ungerecht: Wir müssen sogar Menschen
in unserer Mitte aufnehmen, die schwere Schuld auf sich luden
und Güte sowie Fürsorge keinesfalls verdienen.

~

So oft ist die Rede von Eingebung, Einsicht, Einstellung usw.
Dies klingt höchst esoterisch und tatsächlich erfahren wir nur selten davon,
welches Ergebnis hinten rauskommt!

~

Auch wenn niemand etwas ins Jenseits mitnehmen kann:
das eigene Selbst ist für manchen schwere Last genug.

~

Selbst dem besten aller guten Menschen fehlt die Potenz
zur universellen Einflussnahme.

~

Weibliche Heuchelei klingt stets liebenswürdig schwach und unterwürfig.
So werden halt Fallstricke ausgelegt.

~

Manch Abenteurer tat nichts anderes, als hartnäckig
in eine Richtung zu gehen, hatte das Glück, alle Gefahren zu überleben
und kehrte gesund zurück.

~

Wer seine Meinung als die ehrliche bezeichnet, sagt doch nur aus,
was die Umwelt hören will.

~

Das eigene Tun fasst man nicht in mystische Reden,
phonetisch unter den Tisch fallen lasse man es aber auch nicht.

~

Oft erlebte ich, dass Leute Ideen entwickelten, Strategien entwarfen
und dann die zwischenzeitlich aufgesprungenen Mitstreiter
in der Phase der Verwirklichung allein ließen.

~

Damit ein Mensch zur Einsicht kommt,
müssen im Vorfeld viele Leute an zahlreichen Knöpfen drehen.

~

Wer spontan und kurzzeitig immer nur das sieht und glaubt,
was gerade vor seiner Nase geschieht, ist ein armer Mensch.

~

Um faul herumzusitzen, fehlen mir die Argumente.

~

Jeder formt ein Leben lang an seiner Persönlichkeit und niemand
wird diese Selbstskulptur jemals beenden.

~

Kein Wunder, dass Gott über all den Dingen steht – er hatte ja
alle Zeit der Welt, um diese Position einzunehmen.

~

Man schlägt einen Nagel in die Wand und bringt ein Bild an,
damit einem täglich ein wichtiger Meilenstein
des eigenen Lebens präsent ist.

~

Zwar kann mich keiner sehen, doch alle wissen,
dass ich mich versteckt habe.

~

Ich verlange mehr vom Leben,
als heldenhaft vor meiner Zeit zu sterben.

~

Schlimme Nachrichten schockieren alle betroffenen Menschen,
aber nicht immer all jene, für die es lediglich Informationen sind.

~

Die Wahrheit, das ist jene Lüge,
welche das Volk von den Politikern hören möchte
und in dieser Form – wie gewünscht – auch serviert bekommt.

~

Es halten gewisse Leute große Reden, gestern, heute und morgen,
etwas anderes können sie nicht. Eigentlich tauschen sie nur die Zahlen aus,
der Rumpf des Textes bleibt immer bestehen.

~

Die Gewinnerin des Schönheitswettbewerbs hatte einen Misserfolg.

~

Das Volk möchte den Status quo – offiziell verkündet
von den Politikern und erlebbar als täglich wiederkehrenden,
scheinbar einzig realen Zustand.

~

Ein kleiner Mann, der Größe zeigt,
setzte sich eben konsequent gegen Klügere und Hochgewachsene durch.

~

Kein Mensch tut so, als wolle er einem anderen schaden;
er denkt es sich oder praktiziert es ohne Vorankündigung.

~

Unerklärlichen Ereignissen wohnte ich bisher noch nicht bei, wohl aber
menschlichen Reaktionen, die eigentlich nicht als natürlich gelten sollten.

~

Die Veröffentlichung immer neuer Aphorismen
erstaunt mich weniger als die anhaltende Flut gut durchdachter Miniaturen.
Die Möglichkeit, große Aussagen auf wenige Worte zu komprimieren,
fasziniert mich stets aufs Neue.

~

Die Welt ist das, woran die Menschheit baut,
alles andere fällt ins Reich der Mythen.

~

Ein Mensch kann lediglich Menschen befehligen,
Befehle ausführen oder sterben; mehr ist ihm nicht gegeben.

~

Der Drang, wirksame Hilfe zu leisten, kann auch Ausdruck einer
Renomiersucht sein mit dem unbedingten Bestreben fortwährender
Profilierung, die anders nicht möglich scheint.

~

Wir beklagen fehlende Zeit und finden dennoch welche,
um Reden zu halten – genau dieses Thema betreffend.

~

Allein die Berichterstattung über die Hilfsprogramme
zugunsten der Dritten Welt gibt sehr vielen Menschen Brot.

~

Als „Freiwillig lebendig begraben in seiner eigenen Existenz"
muss bezeichnet werden, wer keinerlei Rat und Hilfe annimmt.

~

Allen Menschen der Welt kann ein würdiges Leben ermöglicht werden.
Erst muss jeder die notwendige Grundversorgung bekommen und dann
heißt es: „Gemeinsam die Ärmel hochkrempeln!"

~

Am Tor zur Hölle ist eine Umkehr noch möglich.

~

Seit es Facebook gibt, sind plötzlich fast alle miteinander befreundet.

~

Es präsentieren sich im Fernsehen selbsternannte Stars und Talente,
welche sich derart blamieren, dass man sich als Zuschauer fragt,
ob sie keine Freunde haben, denen es im Vorfeld gelang,
vom Gang an die Öffentlichkeit abzuraten.
Andererseits – vielleicht existieren diese Freunde wirklich,
nur das Schlimme ist: Die sind genau so blöd!

~

Man ist erstaunt, was einer für Gründe auflistet,
weshalb er nicht Anteil an einer Sache nehmen kann.

~

Kaum zu glauben, was alles hemmend wirkt beziehungsweise
dringend Vorfahrt hat.

~

Unsere Umwelt müssen wir nicht erst zum Gott erklären,
ehe wir uns zu Schutzmaßnahmen entschließen können.

~

Seriöser Kampf um was auch immer rechtfertigt weder den Tod von
Menschen noch die kleinste Zerstörung von Sachwerten beziehungsweise
alle anderen denkbaren Formen kollateraler Schäden.

~

Am Anfang steht ein Text, den der Mensch optisch wahrnimmt
und mit der Macht seiner Gedanken und den Möglichkeiten der Kreativität
Leben einhaucht, indem er ein Praktisches formt.

~

Die Amphibienfreunde sammeln im Frühjahr die Frösche
an den Straßenrändern auf und tragen sie auf die andere Seite,
ohne jedes einzelne Exemplar zu küssen.

~

Alles Gedruckte verharrt in anabiotischer Starre, nur dazu da,
um vom denkenden Leser verstanden und mit Leben erfüllt zu werden.

~

Schon mancher versuchte durch Teilnahme an Gewinnspielen sein Glück
aufzuwerten und erkannte zu spät, dass er unter Handhabung
einer Brechstange alles zerstörte.

~

Statt „Dein Reich komme" hoffen viele: „Mein Reichtum komme".

~

In einhundert Jahren existieren sicher mehrere Richtungsmöglichkeiten
für eine geplante Geschlechtsumwandlung.

~

Unter geistige Arbeit fällt mittlerweile sogar das Ausharren vor der Glotze
und die Beschäftigung mit Computerspielen.

~

Unbegreiflich und nicht nachvollziehbar, was Menschen alles tun oder lassen. Nicht wenige wollen die erste Geige spielen, sie fahren zweigleisig, sausen mit dem Drittwagen ausschließlich im vierten Gang durchs Dorf, lassen fünf generell gerade sein, behaupten, sie besäßen den sechsten Sinn, haben schon sieben Zwerge zu Hause sitzen, doch die Frau ist erneut schwanger, tun so, als sei ihr schäbiges Haus das achte Weltwunder, versuchen einem Fettnäpfchen auszuweichen und werfen dabei
„Alle Neune" um. Vor allem: Wer schert sich schon
um die zehn Gebote?

~

Geniale Improvisation gestaltet das kleinste Gelände
zu einem wirklichen Königreich um.

~

Wer im Schlaraffenland wohnt – das offenbart sich
in der Mitte dieses Wortes.

~

Folge nicht denen, die mit Waffengewalt den Frieden
erzwingen wollen.

~

Im Rückblick verbindet jeder eine mögliche Dummheit
sowohl mit Situation als auch mit Namen.

~

Mit einem Ausweichen in die Einöde
lässt man freilich die Menschen hinter sich, nicht aber generell
das Einströmen von Informationen.

~

So ist das mit der Lebenszeit: Jeder geht klein rein und einige
kommen groß raus.

~

Manch schöne Fassade existiert nur für die Leute auf der Straße.

~

Bestrebt, einer Arbeit zu entgehen, machen sich viele klein,
leben und handeln weit unter ihrem Wert.

~

Nur Aus- und Weiterbildung lässt echtes Können entstehen,
ein berühmter Stammbaum ist da wenig hilfreich.

~

Als man im Alten Ägypten eine Volkszählung mit gleichzeitiger Analyse
der Altersstruktur durchführte, wurde die Pyramidenform entdeckt.

~

Im Herbst ziehen wir einen Strich unter die im Sommer erbrachten
Ergebnisse und freuen uns über jede Arbeit, die draußen gerade noch
beendet werden kann.

~

Ehe ich gezwungen bin, mich in unpassender Gesellschaft
mit nicht zutreffenden Titeln vorzustellen, verlasse ich lieber die Örtlichkeit.

~

Das „Ich" in Vollkommenheit kann nur finden, wer weit über die Grenzen
seines Körpers und der eigenen Interessen hinaus agiert.

~

Weder auf dem Röntgenbild noch bei einer Darmspiegelung
lassen sich die inneren Werte eines Menschen entdecken.

~

Endlich zeigt er seine wahre Größe. Dass er nichts kann,
vermuteten die Leute in seinem unmittelbaren Umfeld schon lange.

~

Leider kann ich mich nicht selbst gelegentlich (aber begründet!)
in den Arsch treten.

~

Mein erstes Buch liegt vor, nun bin ich mit mir selbst versöhnt
und biete das „du" an.

~

Da sich manche Frau so annimmt wie sie ist,
nimmt sie eben ihre Liebhaber aus.

~

Das „Ich" steht für Besitz und weiteren Anspruch.

~

Wer sein Wohnzimmer alljährlich neu tapeziert
und den Fernseher immer wieder in eine andere Ecke rückt,
verändert auch eine Welt.

~

Die Vergangenheit stirbt nicht mit dem Tod
des letzten Handlungsträgers, da Schatten gewöhnlich
über Generationen reichen.

~

Man muss sich selbst berufen und dirigieren und eine Aufgabe in Angriff
nehmen, ehe die Gesellschaft auf eher unangenehme Weise befiehlt.

~

Verstehen wir das fremde „Du" nur noch als ein völlig eigenständiges
Fremdes, wird der Ich-Wahn galoppierend inflationär.

~

Nudisten und Exhibitionisten ziehen nicht blank,
um wenig später auch noch aus der Haut zu fahren; dies tun bereits andere,
ohne dass sie ihre Kleidung mit ins Spiel zu bringen.

~

Jahrzehntelang glaubte er der Größte zu sein, bis er feststellte,
dass es Leute gibt, die sich ganz selbstverständlich für die Allergrößten halten.

~

Der Herbstwind fegt die welken Blätter vom Baum – dann sind wir
Menschen dran mit Fegen.

~

Eine starke Minderheit kann mit sich nichts Rechtes anfangen
und selbst Hand an sich legen, wollen ihre Vertreter aber auch nicht.

~

Über die individuelle Auslegung des „Ich" ordnet sich der Bürger
mehr oder weniger in die Gesellschaft ein.

~

Alle Denkenden sind Menschen und somit gleich,
was den Intellektuellen im Sinne dieser Betrachtungsweise mit dem
Serienmörder auf eine Stufe stellt. Ganz so stellt es sich gesellschaftlich aber
auch nicht dar und kulminiert aus philosophischer Sicht
in höchst knifflige Überlegungen.

~

Fällt mir die heimische Decke auf den Kopf,
führe ich mich selbst für eine halbe Stunde Gassi und denke draußen weiter.

~

Das „Ich" ist ein Chamäleon,
das im Spektrum der täglichen Herausforderungen farbig schillert.

~

Seine beiden gesunden Hände
sollte man ausschließlich in den Schoß der geliebten Frau legen.

~

Politiker und Funktionäre werden nicht für das bezahlt, was sie leisten,
sondern für das, was sie dem Volk verschweigen.

~

Bei einer gespaltenen Persönlichkeit fällt der Bankrott einer Facette
gar nicht auf.

~

Wer fastet, befindet sich mit Blick auf Torte und Eisbein
im Hungerstreik.

~

Keiner fragte mich vorher, ob ich „Ich" sein möchte.
Ich wurde es einfach und muss nun durch.

Der eine hält noch in der Mitte des Lebens ein Ideal hoch,
von dem sich ein anderer bereits mit jugendlichem Übermut abwandte.

An meinen Idealen möchte ich sterben,
nach Jahrzehnten der verbissenen Annäherung.

Jeder Mensch denkt in theoretischen Bahnen und nur zu gern
an all das Materielle, welches er gern besäße. Wir alle sind
seltsame (da gespaltene) Naturen.

Der Mensch begeht täglich zahllose Fehler. Ein Recht darauf
bzw. eine zulässige Quote existiert allerdings nicht.

Viele Jugendsünden erreichen die Plateauphase
ihrer größtmöglichen Wirksamkeit erst nach Jahrzehnten.

Die Frage ist doch nicht, als was man gelten will, entscheidend ist,
welchen Titel man tatsächlich mit Leben zu füllen vermag.

Wenn der Erste umkommt, begreift der Letzte,
dass es wirklich um Leben und Tod geht.

Wie oft standen zu DDR-Zeiten dutzende Menschen hinter mir.

Es ist erlaubt, schon heute von dem zu träumen,
was morgen erst technisch möglich ist.

~

Im Herbst konserviere ich mir die Erinnerungen an den Sommer
und wärme die Seele vor – für die kalte Jahreszeit.

~

Ganz sicher erlebe ich den kommenden Herbst,
doch geht für mich ein unwiederbringlicher Sommer
voll einmaliger Erlebnisse zu Ende.

~

Der Mensch nimmt einen Helden wahr und sieht die ausgebrannte Person
hinter der Fassade nicht.

~

Die Vitalität der Menschen messe ich auch und gerade an der Intensität,
mit der er Kritik übt.

~

Kochte jeder sein eigenes Süppchen,
gäbe es auf Erden schon längst kein Brennholz mehr.

~

In die Jahre gekommen, blickt man wehmütig zurück auf die Jugend,
trauert der damals (scheinbar oder tatsächlich) blauäugig vertanen Zeit
hinterher und sieht zumindest einige Idole von damals in anderem Lichte.

~

Der Altruist verteilt nicht endlos Geschenke oder überhäuft
seine Umwelt mit Wohltaten; die Schwerpunkte seiner Aktivitäten liegen
sehr oft ganz woanders.

~

Wer neue Wege geht, könnte mit wenigen Handgriffen
die erste Zielmarke setzen.

~

Am Lösungsansatz zu manch harter Nuss scheiden sich die Geister,
selbst die haben also Beziehungsprobleme.

~

Mit Milliarden Menschen teilt er die Welt,
seine Milliarden Dollar mit keinem.

~

Es finden sich besorgniserregende Feststellungen, Analysen und Prognosen
in einhundert Jahre alten Büchern. Seitdem floss sehr viel Wasser gen Meer
und man findet zu selbigem Thema zeitgenössische Veröffentlichungen
mit ähnlichem Text.

~

Auch wenn nur zwei Geschlechter existieren,
so findet sich doch in mancher Beziehung ein lachender Dritter.

~

Den Unsinn der anderen höre ich mir lediglich brav an und verbreite,
eitel wie ich bin, lieber den eigenen.

~

Schnell redet man unüberlegt von der Richtigkeit des eigenen Tuns
und den Fehlern der anderen.

~

Zweifeln gehört zu den natürlichen menschlichen Regungen,
zu oft allerdings verkörpert das allerdings
einen permanenten Zustand.

~

Für mehr gesellschaftliche Moral treten sie öffentlich ein,
doch über den Zustand ihrer eigenen hüllen sie ein Tuch.

~

Alle mögen die Muppets, aber keiner rechnet ernsthaft damit,
dass sie die Welt retten.

~

Beim Selbstgespräch kann ich mich immer nicht entscheiden,
ob ich nun Redner oder Zuhörer bin.

~

Der Papst ist unfehlbar und das seit 2000 Jahren.
Was sollte ihm auch fehlen – außer einer Frau?

~

Am zutreffendsten ist nicht, was eine Mehrheit verkündet.

~

Wer nach Zeitgewinn strebt, holt vielleicht an einer Stelle auf,
sieht jedoch nicht das Vertrödeln an einer anderen.

~

Dummheit ist Unwissen als bewusst genutztes Schlummerkissen.

~

Wäre ich ein bedeutender Mensch,
hätte ich schon längst etwas davon gemerkt.

~

Beiseiteschieben – das klingt wie aussortiert und praktisch schon entsorgt.

~

Was in sehr seltenen Ausnahmefällen gilt,
hält mancher für real unmöglich.

~

Am Ende klammert sich der Mensch an die Illusion,
dass ihm noch viele Lebensjahre bleiben.

~

Ist der Teufel los, steht Gott hilflos daneben.

~

Was alle Jubeljahre einmal auftritt, kann dir zweimal hintereinander
passieren, um dann die nächsten fünfzig Generationen
unbehelligt zu lassen.

~

Mein Streben, nicht mein Kampf!

~

Da ich wenig Geld besitze, nicht über Schulden verfüge,
sich die Zahl meiner Kinder im Rahmen hält und ich wenig Haare auf dem
Kopf habe, weiß ich nicht so recht, was ich zählen könnte.

~

Eine Wasserkugel von 2 km Durchmesser, die mit 50 kg Antimaterie
in Berührung kommt, siedet augenblicklich. Was will man denn
mit so viel Kaffeewasser?

~

Wer zum Thema nichts sagen kann,
redet wenigstens unqualifiziert dazwischen.

~

Als intelligent gilt heute bereits,
wer sich weniger dumm anstellt als drei andere.

~

Mit Ruhm bekleckert er sich nie, eher mit Rum.

~

Der Intellektuelle versteht es, im Gegensatz zum Dummen
seine Unwissenheit in Algorithmen auszudrücken.

~

Der Normalbürger bestaunt die Vielfalt an Informationen
und nennt es gedankenlos „Teil des Fortschritts".

~

Wer seinen Horizont erweitert, möchte doch nur die Neugier stillen
und wissen, was sich da hinten tut.

~

Manchen Autor nach dem Kerngedanken einer seiner Aussagen zu befragen,
könnte, so glaube ich, meist eher ernüchternd als belehrend enden.

~

Vor dem Suchtfaktor der Glücksspiele wird gewarnt,
doch Werbung für Lotto gilt als legal.

~

Der Inkonsequente erweist sich mit seinem sprunghaften Handeln
als unberechenbar.

~

Wer von oben herabblickt, darf nicht automatisch
als genial weitsichtig gelten.

~

Nicht ärgern über vertane Chancen; bewahre ruhig Blut,
erkenne eine sich neu bietende, schließe sie optimistisch in die Arme.

~

Dem Tyrannen mangelt es an Intelligenz. Deshalb basiert seine
Schreckensherrschaft weit stärker auf Gewalt als auf Korruption.

~

Betritt froh das neue Lebensjahrzehnt, auch wenn du nicht weißt,
was es dir bringt und ob du es lebendig beendest.

~

Nachdem die Putzfrau vierzig Jahre lang Zettel und Bücher
im Hörsaal aufsammelte, ist sie immer noch nicht fachlich wissend.

~

Wer ausschließlich im Fahrwasser von anderen schwimmt,
besitzt keine eigene Meinung, sondern ist ein geistiger Sklave.

~

Weder von den Roten noch von den Braunen lasse ich mir
etwas weismachen.

~

Die Natur wirkt stetig inspirierend, lediglich der Mensch vermag
konsequent zu desillusionieren.

~

Der Gefängnisdirektor ist nicht einer,
der sich vom einfachen Häftling hocharbeitete.

~

Es heißt Innovation und soll das Leben noch bequemer machen.

~

Sollte mir ein Illusionist einige Tricks erklären, so verstünde ich wohl
einen Großteil des Mathematisch-Physikalischen, ohne jedoch
die Fingerfertigkeit entwickeln zu können.

~

Fachlich keine Ahnung,
aber ein Fachmann der eigenen Meinungen.

~

Wir alle sollten uns wieder darauf besinnen, dass nackte Kinder
lediglich Frieden und Unschuld ausstrahlen.

~

Die hohe Achtung vor Geschichte und Entwicklung verbietet uns,
die überholten Ansichten der Klassiker aus den Archiven zu verbannen.

~

Ein 1000-Euro-Spiegel zeigt auch kein besseres Abbild meiner selbst.

~

Überstrapazierung verformt jeden Freudenspender zum Schreckgespenst.

~

Mancher Starfriseur ließ sich schon
von einer ausrangierten Flaschenbürste inspirieren.

~

Gratisangebote vermögen große Menschenmassen in Bewegung
zu setzen. Die Leute wissen zwar nicht, was sie mit dem ganzen Kram
anfangen sollen, packen aber erst mal ein.

~

Beim Schreiben nach täglicher Vorgabe greift man garantiert
vielfach ins Klo.

~

Es gibt viel mehr Spielsüchtige als Arbeitswütige.

~

Die Gesundheitsmesse war gut besucht,
die Raucherinsel vor dem Gebäude auch.

~

Die Aufgabe des Denkens schützt vor Gedankenblitzen.

~

Alle schauen gespannt in eine Richtung, geschickt manipuliert
und gelenkt, und bemerken es nicht.

~

Balanceakt (der): Vertane Chancen akzeptiere und glaube dennoch
fest an Liebe und Leben.

~

Jeder Krieg stiehlt der Menschheit einen Kosmos voller neuer Ideen.

~

Die Inspiration beflügelt mich und lässt mich über die Stränge schlagen:
Ich spinne – ich fliege.

~

Millionen Jahre nach der Menschwerdung will uns die Industrie
weismachen, dass ohne Nahrungsergänzung gar nichts läuft.

~

Noch kein Mensch warf einen Blick auf seinen ausgefüllten Totenschein.

~

Wie oft habe ich Schnapsideen und trinke doch nur selten Hochprozentiges.

~

Die deutschen Firmen verlegen die Produktion ins Ausland
und kein Manager ist deshalb verlegen.

~

Ich halte mich weiterhin an Ei und Steak, einen Menschen haue ich
nicht in die Pfanne.

~

Er kam zwar nie zu Geld, ersparte sich mit Nichtstun aber
manche Mitarbeit im Leben.

~

Es gäbe so viel zu sagen, keiner will es gedanklich erarbeiten,
niemand würde es aufschreiben.

~

Denken in Einsamkeit kann sehr fruchtbar sein,
da redet wenigstens keiner dazwischen.

~

Mancher hütet Ideen und Ersparnisse gleichermaßen.

~

Einhundert Eintagsfliegen müssen Kariere machen,
damit genug Stoff für einen Biographieband zusammenkommt.

~

Die ganze Menschheit lebt in einer Straße – der Milchstraße.

~

Was bleibt am Tag der Scheidung von der ehemals so großen Liebe?

~

Verlegen die deutschen Firmen ihre Produktion ins Ausland,
ruft dort keiner: „Ausländer raus!"

~

Mit Fleiß und Hingabe muss die Arbeitsaufgabe erfüllt werden,
Streben nach Unfehlbarkeit bringt nichts.

~

Wer spielend leicht jedes Fettnäpfchen trifft,
verfügt über treffsichere Intuition.

~

Die Wenigsten gehen öfter als unbedingt nötig nach draußen;
müssen sie auch nicht – das Internet holt ihnen die Welt herein.

~

Diese verdammten Cookies; und ich dachte anfangs,
das sei was zum Naschen.

~

Die Geschichte kennt zahlreiche Beispiele,
wo stark ausgeprägte Vorurteile gegen etwas oder jemanden letztlich
zu Todesurteilen wucherten.

~

Wer die Kokospalme zum Baum der Erkenntnis erklärt
und daran rüttelt, lebt gefährlich.

~

Nur für eines ist unsere Zeit noch nicht gekommen,
für alles andere ist sie beständig da.

~

Der Mensch neigt dazu, Zeit gegen Geld aufzuwiegen.
Was aber ist Zeit überhaupt und wo liegt der reale Wert des Geldes?!

~

Im Tal der Ahnungslosen leben keinesfalls Geistlose.

~

Man muss sich die Zeit nehmen, die Gelegenheiten nutzen
und im Rahmen der Möglichkeiten das Angestrebte ausformen.

~

Wer sich auf seine Taubheit beruft, bleibt immer noch Augenzeuge.

~

Manch einer bildet sich und fühlt sich plötzlich berufen,
einer bis dato eher unwesentlichen Fakt zu adeln;
im Extremfall entsteht ein neuer Glaube.

~

Der eine bezieht die längst überfällige Position,
der andere nutzt sein Vetorecht und pocht auf taube Ohren.

~

Einigen Leuten sollte man ihre Träume und Illusionen nicht nehmen,
haben sie doch nichts anderes vorzuweisen.

~

Auf den Boden realer Tatsachen gebracht,
wähnen sich einige im luftleeren Raum.

~

Frauen haben es doppelt schwer:
Sie geben sich Männern und Illusionen hin.

~

Kein Mensch startet heute mehr Aufrufe, lässt sich doch niemand
etwas sagen oder duldet ein Hineinreinreden.

~

Manch gestriger Irrtum lebt als Anekdote ewig fort.

~

Wahrscheinlich bin ich ein Großunternehmer:
Kleine Vorhaben sind bei mir eher selten.

~

Das markanteste Beispiel, wo sich Menschen auf dem falschen Dampfer
befanden: die Titanic.

~

Die Klassiker führen Irrtümer auf, die zu begehen mir die Reife fehlt.

~

Nach dem AC/DC-Konzert gehen die Besucher zugedröhnt heim.

~

Im Zeitalter der Elektrifizierung folgen die Menschen
den Irrlichtern eher noch fanatischer.

~

Heute als Wahrheit hoch bejubelt, morgen als Irrtum
stillschweigend zu Grabe getragen.

~

Wenn es lediglich um immer neue Aphorismen geht,
gelten die Menschen als zweitrangig.

~

Die eisigen Weiten Grönlands vermögen es nicht,
den Inuit die Warmherzigkeit zu nehmen.

~

Und wenn er sich permanent noch so phlegmatisch gibt:
Die Tollwut kann auch ihn treffen!

~

Ich bin mir nicht sicher, ob das Erstellen einer SMS
noch mit Schreiben zu tun hat.

~

Ohne Kaffee könnte ich leben,
aber nicht so aufrecht durch den Tag schreiten.

~

Kaltschnäuzig, aber warmherzig muss man seine Argumente
in die Runde streuen.

~

Die Welt ist nicht wegen des Menschen da;
er wurde lediglich hineingewürfelt.

~

Die Menschen lernen aus einem Irrtum und kleiden den nachfolgenden
umso intelligenter und raffinierter aus.

~

Es kam einer als Gott in Weiß kostümiert zum Karneval
und ist im wahren Leben Atheist, der nie Medizin studierte.

~

Dieses Jahr gehe ich in Zwangsjacke zum Fasching
und verweise damit auf mein lädiertes Nervenkostüm.

~

Die primitive Form der Selbstkarikatur findet vor dem Spiegel statt.

~

Neue Menschen braucht das Land – völlig unrealistisch,
bei dieser Geburtenrate!

~

Alle schimpfen auf den Kapitalismus, ohne den Sozialismus zu wollen.
Was wollt ihr denn?

~

Wer die Ruhe weg hat, ist doch nicht so geduldig wie Papier.

~

Wozu kämpfen, wenn man mit dem Ergebnis des Sieges
nichts anzufangen wüsste?

~

Irren kann nur der Wissende. Für den Ahnungslosen ist es eine Art
Spekulationslotto ohne jeden Anspruch auf geistiges Niveau.

~

An jedem Wendepunkt fällt stets ein Kopfäquivalent.

~

Er glaubt, alles sei im Lot, nur weil diejenigen mit und für ihn lachen,
welche er für ihre Lustigkeit bezahlt.

Die Menschen lernen aus einem Fehler und gestalten den nachfolgenden
noch ausgeprägter vom Soll abweichend.

Der liebe Gott lässt auf sich warten,
derweil tun Menschen ein Schlimmeres.

Einige Leute füllen ihr ganzes Leben mit leerer Hoffnung, unfähig,
dieser einen Inhalt zu verleihen; auch bedauern sie sehr, dass leider
nie jemand vorbeikommt und diese Aufgabe übernimmt.

Das, was er selbst gern sein möchte, vergräbt jeder als intimstes
aller Geheimnisse tief in seinem Kopf. Das, was er ungeschminkt und
wirklich ist, trägt er täglich zu Markte.

An einem kritischen Punkt angelangt, fragt man sich,
was werden soll, und muss sich eingestehen, dass man in der Vergangenheit
zu sorglos mit Substanz und Situation umging.

Wir alle verkörpern zwar einzelne Bausteine der Menschheit,
können uns aber bis heute nicht auf eine verbindliche,
allumfassende Humanität einigen.

Es treibt mich stets aufs Neue das Bedürfnis aus dem Bett,
die kommenden Ereignisse des jungen Tages live mitzuerleben.

Das gepflegte Chaos bildet einen festen Bestandteil
in der menschlichen Gesellschaft.

~

Mit seinen letzten Worten schrumpft auch der größte Held zurück
auf Menschenmaß.

~

Er ist seit langem hinter dem großen Geld her
und holt es doch nicht ein.

~

Niemand weiß, welches enorme Bücherwissen in den einzelnen Ländern
der Welt schlummert, das mangels Übersetzung nicht global überdacht
werden kann und wohl für immer durch die Sprachbarrieren
nur isolierte Wirksamkeit erfährt.

~

Am Tag nach dem Weltuntergang müssen wir uns erst mal
von dem Schrecken erholen.

~

Wir leben von und durch Ergebnisse geschichtlicher Ereignisse,
aber niemals für sie.

~

Keine politische Hochburg existiert auf Dauer. Der Wähler ist mündig
und willig genug, um jeden Amtsinhaber samt zugehöriger Politik
nach einer Legislaturperiode in die Opposition zu schicken.

~

Wie oft genügt ein Blick und man sperrt sich,
ohne den Grund benennen zu können, mit dem Gegenüber
eine Diskussion zu führen.

~

Die Verlobte ist eine Frau, bei der man(n) noch nicht
im Grundbuch steht (so oder ähnlich).

Wer Rücksicht nimmt, verzichtet kurzzeitig auf den Blick nach vorn.

Manch einer kommt zu großem Reichtum durch raffinierte Auslegung
des Kleingedruckten zu eigenen Gunsten.

Verzweiflungstaten nötigen gelegentlich zum Griff
nach fünfzig Kilometer entfernten Strohhalmen.

Vorbild ist eigentlich eine falsche Bezeichnung;
so viel Bedeutung kommt allein der Optik nicht zu.

Zumindest in meinem Denken spüre ich nichts von Dehydrierung.

Lass gelegentlich die Sau raus, schon wegen der artgerechten Haltung
deiner Seele.

Die Kunst besteht darin, den Lebensäußerungen viele Details
zu verleihen, ohne dass ein verschnörkeltes Gebilde entsteht.

Tatsächlich lässt sich vieles nicht verhindern,
dessen ungebremstes Aufprallen auf den Alltag jedoch schon.

Früher wurde, wer nichts wurde, Wirt; heute Superstar.

Große Worte täuschen Anteilnahme vor,
theatralisch gut vorgetragen von den Leuten, die anderen
emotional nichts zu sagen in der Lage sind.

~

Man redet so viel davon, dass die Maschinen den Menschen
die Arbeit erleichtern, ohne selbst in der Lage zu sein,
wenigstens eine einzige solche zu konstruieren.

~

Nach vielen Jahren der Einnahme von täglich vier Medikamenten
erlebte ich doch nie mehr als die gleichzeitige Leermenge
von zwei Packungen; höchst seltsam geht es im Leben zu!

~

Eine Vielzahl menschlicher Leistungen existiert,
deren Ausstrahlung niemand als Vorbildwirkung anerkennt.

~

Wozu an die Decke gehen?
Was soll ich da oben mit Wut im Bauch?

~

Mir selbst sind Aphorismen zuwider, die eine halbe Seite in Anspruch
nehmen und dank ihrer komplizierten Verschachtelung alles aussagen
können, also auch nichts! Andererseits lassen oft wenige hingeworfene Worte
den Leser mit einer Totgeburt im geistigen Regen stehen.

~

Ohne die Existenz von Skandalen, Katastrophen und Fußballergebnissen
gäbe es die Zeitung mit vier Buchstaben nicht.

~

Wer nicht zum Führer taugt, kann dennoch als Verführer auftreten.

~

Der Weltuntergang ereilt uns irgendwann und ohne Vorankündigung.
Keiner kann sich den Tag vorher im Kalender ankreuzen.

Alle reden vom sich auftuenden Abgrund. Dabei weiß niemand,
ob die Welt davor steht oder wir alle bereits fallen.

Alle glauben, auf große Katastrophen vorbereitet zu sein,
und werden doch schon bei der kleinsten Panne hektisch.

Schlechtes und Schlimmes erlebten wir alle schon,
was kann da noch als Extrem kommen?

Schimpfe niemals auf gewachsene Strukturen!
Auch deine Mitarbeit, dein Zögern oder deine Gleichgültigkeit
brachte sie auf das aktuelle Level.

Zwar gebären nach wie vor die Frauen die Kinder,
doch mit all dem Guten, dem Schlechten, dem Zweischneidigen und
sonstigem, was die Zukunft ausfüllen wird, geht die gesamte Menschheit
– zum Glück und andererseits auch leider – heute bereits schwanger.

Erst trinkt der Bürohengst seinen Kaffee aus,
dann bearbeitet er die aktuelle Aktenkatastrophe.

Auch der Dumme macht Erfahrungen, lässt sie jedoch
fahrlässig durch die Finger rinnen.

Man stellt sich dem Tag, damit dieser nicht der letzte ist.

~

Nicht einmal im übertragenen Sinne sollte jemand gerade in Deutschland über Leichen gehen.

~

Die Leute hören von etwas Neuem, sind begeistert oder wenden sich ab, obwohl sie lediglich eine Überschrift wahrnehmen.

~

Denn sie wissen nicht, was sie tun, und machen einfach irgendetwas.

~

Mag an einem Menschen auch das Leben vorbeigehen, der Tod ganz sicher nicht.

~

Was soll ich im Garten Eden? Ich möchte gar nicht sehen, wie sich Rolf mit seinen Teenagern tummelt.

~

Die geraubte Unschuld ist kein Gut, mit dem man direkt etwas anfangen kann.

~

Die Menschen möchten nicht einsam sein und kämpfen doch nicht entschieden genug dagegen an.

~

Wer mit seinem Tun nicht groß rauskommt, darf dennoch als normaler Mensch gelten.

~

Liebe deine Feinde, ohne gleich fremdzugehen.

~

Er wird noch heute als Held bezeichnet,
auch wenn sein Lorbeerkranz schon längst zu Staub zerfiel.

Gerade weil ich ihn von früher kenne, weiß ich nicht,
zu welcher alten Stärke er zurückfinden will.

Aus allen Ecken schallen leere Bekundungen – die Welt ist vollgepackt
mit praktisch hilflosen Gutmenschen.

Wir kennen eine Vielzahl von Prozessen,
aber nur im Einzelfall deren Dynamik.

Der altersschwache Herrscher nickt jeden Vorschlag seines Beraters ab.

Mit einer Leistung erringt man vielleicht einen Preis,
dank eines Misserfolges oder durch Begehung einer Schweinerei
schafft man es mit weit größerer Sicherheit in die Schlagzeilen.

Man ist zu sehr darauf bedacht,
dass die anderen gut von einem denken und verliert dabei
die Meinung über sich selbst aus den Augen.

Noch vor 150 Jahren existierten im aufgeklärten Paris Menschen, von
Beruf „Die Vierzehnten". Mit ihrer Anwesenheit bei Zusammenkünften
verhinderten sie, dass sich 13 Personen versammelten. Es handelte sich also
um Leute, welche dienstlich und gewollt das fünfte Rad am Wagen waren.

Wo sich ein Mann eine Stunde lang mit seiner Geliebten tummelt,
hält er es allein keine fünf Minuten aus.

~

Der Sieger ließ zwar alle Konkurrenten hinter sich,
doch ist er nicht immer mit dem erreichten Ergebnis zufrieden.

~

So oft enden Handgreiflichkeiten mit Fußtritten
für das bereits am Boden liegende Opfer.

~

Den wunden Füßen des Starschauspielers Rechnung tragend,
drehte der Regisseur mit ihm einen Sandalenfilm.

~

Die meisten Betuchten geben Geld aus, das sie nie verdienten – weder mit
ihrer Hände Arbeit noch charakterlich.

~

Na gut, dann liebe ich eben meine Feinde, Hauptsache,
ich muss sie nicht küssen.

~

Nach fünfhundert Jahren Reinheitsgebot für Bier
warten wir immer noch darauf, dass uns reiner Wein eingeschenkt wird.

~

Kunst ist, was ein als Fachmann Gehandelter zu einer solchen erklärt.

~

Beim realen Nutztier redet man so intensiv
über artgerechte Tierhaltung und tobt sich – alle Forderungen vergessend –
am virtuellen Moorhuhn aus.

~

Selbst viele der mehrfach Geschiedenen
verlieren ihren Glauben an das zeitlose Glück nicht.

Mit der plötzlich einsetzenden Kurzsichtigkeit geht ein Stück
gesundes Augenmaß verloren.

Wäre das Porzellan nicht erfunden worden,
gingen die Elefanten eben in einen anderen Laden.

Kaum zu glauben, dass die Welt mehr beinhaltet
als Facebook und Moorhuhn.

Eines Tages werden auch Anträge auf Kostenerstattung
mit einer Gebühr belegt.

Es fiel ihr nicht schwer,
leichtfertig ihre Unschuld aufzugeben.

Die Menschen nehmen erfreut die Dynamik des Fortschritts wahr,
auch wenn sie nicht wissen, wohin sie dieser Kurs bringt.

Früher zeigte die Fülle der Lebensmittel Ergebnisse des Mästens
und Wachsens an, heute eher die Leistungsfähigkeit
der chemischen Industrie.

Der Routinier und seine Routine – ein eingespieltes Team.

Was in den besten Familien vorkommt, bewirkt in anderen
mit seinem Fehlen die bekannten furchtbaren Ereignisse.

~

Denkt man zurück an wichtige Ergebnisse,
schwillt automatisch die Brust. Wehmut tritt erst hinzu,
berücksichtigt man den Zeitfaktor.

~

Der hinterlistige Kannibale überlässt in kluger Voraussicht
sein HIV-infiziertes Mittagessen lieber dem verhassten Nachbarn.

~

Öffentlichkeitsarbeit (die): Das Volk erfährt nur jene Datenmenge,
dessen Durchsickern nicht verhindert werden kann.

~

Am Anfang war vieles besser,
vor allem redete keiner unqualifiziert dazwischen.

~

Das versoffene Geld wirft durch das Flaschenpfand
noch einige Cent scheinbarer Zinsen ab.

~

Dank Verhütung blieb der Haushälterin von Hochwürden
lediglich die empfangene Befleckung.

~

Es heißt eben Ausgleich(s)sport und nicht Ausspätersport.

~

So alle Machenschaften im Dunkel bleiben,
kann man mit diesem Machen weiter schaffen.

~

Viele Machenschaften bleiben unaufgedeckt und deren Macher
werden es noch weit schaffen.

Die Oberen wissen um alle Missstände,
doch werden wir den Aufschrei ihres Gewissens nicht mehr erleben.

Erst Sparstrümpfe anziehen und dann schimpfen,
wenn sie nicht passen!

Warum sollte die Sonne gerade jetzt verlöschen, wo die Menschheit
endlich die Geheimnisse ihres Funktionierens aufdeckt?

Der Specht arbeitet wesentlich mehr mit seinem Kopf
als jeder durchschnittliche Mensch.

Nicht immer wird ein Schuldiger ermittelt, doch stets gefunden.

Ein Besuch in der Fremde wäre unvollständig ohne einen Abstecher
in eine Exklave des Vaterlandes.

Dies und jenes möchte ich mir auch morgen noch schmecken lassen
und verzichte deshalb liebend gern auf jede Teilnahme an einer
Betriebsbesichtigung in der Lebensmittelindustrie.

Bisher trieben Hunger und Kälte alle unüberlegt Ausgebüchsten
wieder nach Hause.

Bananen standen in der DDR auf der Roten Liste.
Die Bananenpopulationen erholten sich wieder, doch die DDR
verschwand von der Bildfläche.

~

Die Kunst besteht darin, den andern stolpern zu lassen und dabei
selbst nicht den Hals zu brechen.

~

In meinem Garten bin ich im April der Samenspender
und hoffe von ganzem Herzen, dass mir im Sommer etwas blüht.

~

Die Frau hat nichts anzuziehen: Hoffentlich bleibt sie so wie sie ist.

~

Mag die Katze auch sieben Leben haben – der Mensch
besitzt mindestens sieben Gesichter.

~

Gar nicht mehr so lang hin,
und das Zeitlose muss ohne mich auskommen.

~

Fühlt sich der Mensch auch noch so hundeelend – es kommt
kein Tierschützer vorbei und hilft ihm.

~

Ich las schon Bücher (an), deren miese Plots ich niemals
aus meinem Kopf entlassen hätte.

~

Er behauptet, sein Leben im Griff zu haben,
doch wissen alle außer ihm selbst: Es ist ein Würgegriff.

~

Nicht alle Feinde von Feinden werden Freunde,
zumindest hörte ich noch nie von einer Allianz der Mäuse und Vögel
gegen die Katzen.

Nicht wenige fühlen sich katzenartig mit sieben Leben ausgestattet
und kommen mit ein paar Handgriffen eben doch auf den Hund.

Die eiskalt Berechnenden lösen ohne mathematische Kenntnisse
furchtbare Ereignisse aus.

Manche Erwartungshaltung erweist sich als derart skurril,
dass man beim besten Willen keine Handlungsmöglichkeit andocken kann.

Der Mensch nimmt gelegentlich eine Erwartungshaltung ein,
die in Wirklichkeit nicht mehr als eine Schlummerstellung ist.

Kleider machen Leute und Frauen
haben generell nichts anzuziehen – Frauen sind also keine Leute.

Ob Aliens früher die Erde besuchten oder heute noch unter uns weilen,
mag dem Normalbürger interessant erscheinen erweist sich für den
hungernden Obdachlosen allerdings nicht als so entscheidend
für sein Überleben.

Präsentiert sich eine Frau aus der islamischen Welt
nackt im Internet, so tut sie dabei auch nichts anderes als jede andere Frau
in gleicher Situation, außer – sie nimmt ihr Kopftuch nicht ab.

Kein Klagen ohne paralleles Nachdenken
über den vermeintlichen Missstand.

~

Lege ich irgendwo den Zollstock an, komme ich zu einem Ergebnis,
auch ohne ein Messgewand zu tragen.

~

Die interessantesten Schwachstellen sind die an den Frauen.

~

Mit vielen Konzepten kommt der Mensch durchs Leben,
jedoch nicht mit jeder Einstellung ins Ziel.

~

Selbst wenn du jedem Menschen eintausend Euro gibst,
bist du deshalb nicht automatisch für jeden der Größte.
Der eine hätte das Geld gern in großen Scheinen,
ein anderer wünscht Münzen.

~

Mit meinen geringen Kräften kann ich für euch zwar einige Worte notieren,
es liegt aber nicht in meiner Macht, jemanden zu einem Macher zu adeln.

~

Es wäre mir peinlich, eine bloße Verkettung von Worten zu liefern
in der Hoffnung, ein anderer fände zufällig einen passenden Sinn.

~

Wer nichts unversucht lässt, wird keines seiner Stückwerke vollenden.

~

Beuge dich, um besser sehen zu können,
jedoch niemals als Geste freiwilliger Unterwerfung.

~

Oft wird beklagt, das Leben sei zu kurz, doch teilt niemand mit,
was unbedingt hineinzupacken sei.

Hätte der Mensch damals Afrika nicht verlassen – wer weiß;
vielleicht könnte ich hier und heute als kleiner brauner Käfer
in aller Ruhe meine Bahnen ziehen.

Entwickelt sich die Nanotechnologie derart rasant weiter,
steht dem Kleingedruckten eine ungeahnte Zukunft bevor.

Als Frau C. starb, gab es zu Hause keine warmen Gerichte mehr
und im Dorf viel weniger neue Gerüchte.

Lange vor Erfindung der Fahrzeuge kamen bereits
Menschen unter die Räder.

Vergessene beziehungsweise unbekannte Details
füllen die Leute bewusst oder unbewusst, aber phantasievoll,
mit Eigenkreationen auf – so entstehen Gerüchte.

Mit einem Nadelfilzanzug fällt man unangenehm auf: in der Sauna.

Ich muss mich noch entschuldigen – für das,
was ihr gestern über mich geredet habt.

Es gibt keine Arbeit, die schändet, wohl aber Tätigkeiten.

Nicht jeder redet schlecht vom anderen.
Einige gehen ohne Vorwarnung zur Tat über.

~

Aufgrund bestimmter Ursachen lebe ich und hoffe,
dass auch meine Existenz nicht ohne Wirkung bleibt.

~

Wer ausschließlich dem Geld hinterherjagt,
kann freilich nicht auch noch das Gewissen im Blick behalten.

~

Keinesfalls war der Apfel schuld am Sündenfall.
Eva hatte es einfach satt, jeden Tag nur mit einem Feigenblatt bekleidet zu sein. Den Angeboten der Werbeblätter großer Textilunternehmen folgend, überzeugte sie Adam von der Notwendigkeit, den Schritt in die große westliche Welt zu wagen.

~

Die Frauen rennen zum Schlussverkauf,
als käme morgen tatsächlich das Ende von allem.

~

Wer Neues zu berichten weiß,
wärmt auch nur das eben Gehörte auf.

~

Wenn einer glaubt, mit donnernder Stimme
lautstark vorgebrachte Argumente seien die halbe Miete,
um Zuhörer zu überzeugen – den lasse abblitzen.

~

Nicht jeder, der schweigt, genießt.
Viele lässt auch der Schmerz verstummen.

~

Zuerst muss sich das Neue in der Praxis bewähren,
dann erst kann der alte Zopf fallen.

~

Die Köpfe verschiedener Ideologien mögen sich noch so hassen,
in der Hölle finden sie sich alle in einem Kessel vereint wieder.

~

Jedes beendete Buch erfüllt mich mit Stolz.
Ich bilde mir nichts darauf ein und bin mir stets im Klaren,
nicht wirklich alles gesagt zu haben.

~

Man ist so altersjung, wie Kopf und Medikamente es zulassen.

~

Ich erfreue mich an den Blumen und verschwende keinen Gedanken daran,
dass sie in Kürze verblühen.

~

Die wachsende Zahl aller Erfolge vermag die Breite neuer Irrtümer
nicht zu verringern.

~

Man glaubt freilich an die Erfahrungen der anderen, hofft aber doch
im Stillen, dass die wenigsten auf die eigene Person zutreffen.

~

Sollten ab morgen die Briefträger streiken, bekämen wir eben keine Post
mehr von den Ämtern. Alles andere trudelt sowieso per Netz herein.

~

Alt ist man, wenn der Arzt sagt: „Wenn Sie ein Auto wären,
dürfte ich sie nicht mehr auf die Straße lassen!"

~

In einer kleinen Kommune, ja, da gibt es noch Kommunikation,
aber auch nur solange die Alten existieren, die am ehesten gelegentlich
rausgehen und andere Leute treffen.

~

Bereits in der Schulzeit gab es Situationen,
da sah ich ganz schön alt aus.

~

Die Menschen können pausenlos Informationen austauschen,
ohne ein einziges wichtiges Problem zu diskutieren.

~

Erst die Brille aufsetzen,
dann nach der irgendwo abgelegten Brille suchen.

~

Allzu öffentliches Notieren einer Idee suche ich zu vermeiden.
Niemand soll sagen können: „Da schreibt er wieder einen Gedanken auf,
den keiner braucht!"

~

Ein Griff, und man hat die Frau fürs Leben;
einer der folgenreichsten Eingriffe schlechthin.

~

Frauen können stundenlang miteinander telefonieren,
ohne in der Lage zu sein, hinterher gestrafft auf zehn Minuten
das Extrakt zu verkünden.

~

Der moderne Mensch sucht nach Antworten,
zu denen niemand eine Frage formulierte, nur um sein Gewissen
zu salben und auf Wolken zu schweben.

~

Kaum eine Handlung ist völlig falsch,
aber die meisten kommen verfehlt und fahrlässig zum Einsatz.

Ausgeprägte Feigheit vermutet man stets bei anderen,
selbst ist man höchstens etwas träge.

Als älterer Mensch fand ich Antworten auf Fragen,
welche ich mir vorher nie stellte.

Heute existieren keine Tabus mehr,
also auch keine schlechten Gewissen.

Die Suche nach dem Guten im Menschen erweist sich manchmal
ähnlich schwierig wie das Aufspüren von Neutrinos.

Bei der Nächstenliebe
kommt es auf einen Kilometer mehr oder weniger nicht an.

Selbsthilfegruppen existieren nicht, damit sich Menschengruppen
kollektiv bemitleiden und beweihräuchern.

Aus dem Tross der Voranschreitenden scheren nur wenige, kurz verharrend,
aus, gehen einen Schritt zurück, einige zur Seite oder bewegen sich im Kreis,
kurzum: Sie wollen mehr wissen über das erstmals betretene Terrain.

Frauen, die ins Horn blasen, sind Hornissen.

Am wertvollsten sind Ergebnisse,
die über mehrere fachliche Grenzen hinweg tragfähige Ergebnisse liefern.

~

Die Arbeit schändet den Verrichtenden nicht – welch Klatsche
für alle Geringentlohnten!

~

Die Welt entstand nicht, damit der späteren menschlichen Gesellschaft
eine Kulisse zur Verfügung steht; wir alle wurden willkürlich
hineingewürfelt.

~

Gar viele Menschen sind praktisch immer online, ohne sich tatsächlich
am Puls der Zeit zu bewegen.

~

Jeder vertuschte Missstand kommt wie ein Bumerang
exponentiell aufgebläht zu einem späteren Zeitpunkt zurück,
völlig unvorbereitete und stets die falschen Menschen
empfindlich treffend.

~

Der Volkswille zur Durchführung einer Revolution ist da,
es fehlen jedoch jegliche richtungsweisenden Argumente
und die Mittel der Realisierung.

~

Es zählt die Basis gemeinsamer Grundeinstellung,
nicht die individuell vertretene Meinung.

~

Des Einen Irrtum hallt nur durch den Raum,
der des Anderen lässt Generationen büßen.

~

Die von der Mehrheit gewollte Revolution
führte lediglich zu noch extensiverem Konsum,
der jede erdenkliche Intensität sprengt.

~

Wer den Stein der Weisen findet,
würde diesen als solchen weder erkennen noch nutzen können
und doch nur bestrebt sein, ihn zu veräußern.

~

Statt mit aller Kraft nach dem Stein der Weisen zu suchen,
erfreue dich an jedem gefundenen Kiesel.

~

Das, was uns heute entscheidend weiterhilft,
müssen wir morgen als überholt über Bord werfen.

~

Die Idee
muss zu einer Vielzahl von Anwendungen gesplittet werden,
auch wenn nicht das ganze mögliche Spektrum letztlich zulässig ist.

~

Körperlich und geistig eingekeilt in den Strom einer Bewegung,
kann niemand zu einer persönlichen Einsicht oder eigenem Stil gelangen.

~

Mit dem Zuwachs an eigenem Wissen muss die Toleranz
gegenüber dem anders Polarisierten eine Proportionalität entwickeln.

~

Alle Risiken, die Zerstörung oder gar Vernichtung mit einbeziehen,
dürfen niemals als akzeptabel gelten.

~

Setzt man die sexuellen Aktivitäten der Menschen ins Verhältnis zur Fortpflanzungsrate, ergibt sich zumindest in den modernen Industriestaaten ein sehr schlechter Wirkungsgrad.

∼

Neue Ideen nimmt jeder gern wahr, doch nur die wenigsten nehmen anschließend die Hände aus den Hosentaschen.

∼

Der Mensch bekommt einen Maulkorb, damit er nicht redet; beißen wird er ohnehin nicht.

∼

Wer den Preis von Kunstwerken kennt, schert sich einen Dreck um deren Aussage.

∼

Man glaubt, alle Zeit der Welt zu haben, und lässt mit dieser Einstellung alle guten Chancen vorbeitreiben.

∼

Wer seinen Mantel nach dem Wind hängt, tut dies nicht, um für Ökostrom zu werben.

∼

Gar viele Menschen schwimmen mit dem Strom und verschleiern, dass sie sich ausschließlich treiben lassen.

∼

Solange die Menschen Geburtskliniken und Friedhöfe intensiv frequentieren, bewegen sich die Geschicke der Zivilisation in normalen Bahnen.

∼

Aus Fehlern lernt man wohl einiges, nicht aber so viel,
um in der Lage zu sein, allem weiteren theoretisch und praktisch Möglichen
aus dem Weg zu gehen.

~

Die Erinnerungen des Menschen bewohnen ein Jahr für Jahr
instabiler werdendes Archiv.

~

Die Menschen verlassen sich zu sehr auf das Wirken des lieben Gottes:
so mächtig ist dieser Mann gar nicht.

~

Manche Wortketten verbreiten einen Klang,
der allgemeine Zustimmung findet, sich vorzüglich zur Beschallung großer
Plätze eignet und phonetisch wie auch scheinbar intellektuell
Menschenmassen zu aktivieren in der Lage ist und
in eine extrem bedenkliche Richtung schickt.

~

Die größten Schlachten werden in Friedenszeiten
an den zivilen Fronten geschlagen.

~

Immer wieder finden sich selbsternannte Experten, Künstler …,
die das Tun, Produkt, Denken etc. von anderen nicht einfach nur leidlich
kopieren, sondern als gefeierte, plagiierende Epigonen
zu Geld und Ruhm gelangen.

~

Zuweilen werden mit den Mitteln eines Kompliments
dem Anderen Eigenschaften zugesprochen, eben weil sie dem Verkünder selbst
nicht eigen sind.

~

Die Weltgeschichte ist durchsetzt von falsch verstandenen Komplimenten,
welche einschneidende Entwicklungen auslösten.

~

Die Regenbogenpresse bläst künstlich in den Mittelpunkt gerückte
Probleme zu Pseudoereignissen auf, gibt ihren Mitarbeitern dadurch Brot
und der Menge nutzlose Argumente.

~

Ich war und werde niemals reich und möchte doch niemals
den Anschein erwecken, ein armer Mensch zu sein.

~

Er verlieh seiner Forderung „Her mit dem Geld!" Nachdruck
und wurde so zum Herr mit dem Geld (auch bekannt als Herr des Geldes).

~

Der denkende Mensch muss auf jede Wahrheit gefasst sein,
und sei es die für ihn Schlimmste.

~

Viele, die angeblich schon als Kind die Bestimmung ihres Lebens fanden,
legen noch im jugendlichen Alter Hand an sich selbst.

~

Man geht einem großen Problem erfolgreich aus dem Wege
und läuft sofort zwei kleinen direkt in die Arme.

~

Auch im Zeitalter moderner Motorsägen
wird Süßholz noch traditionell von Hand geraspelt.

~

Entweder beißt der Hund oder er bellt – beides zugleich geht nicht.

~